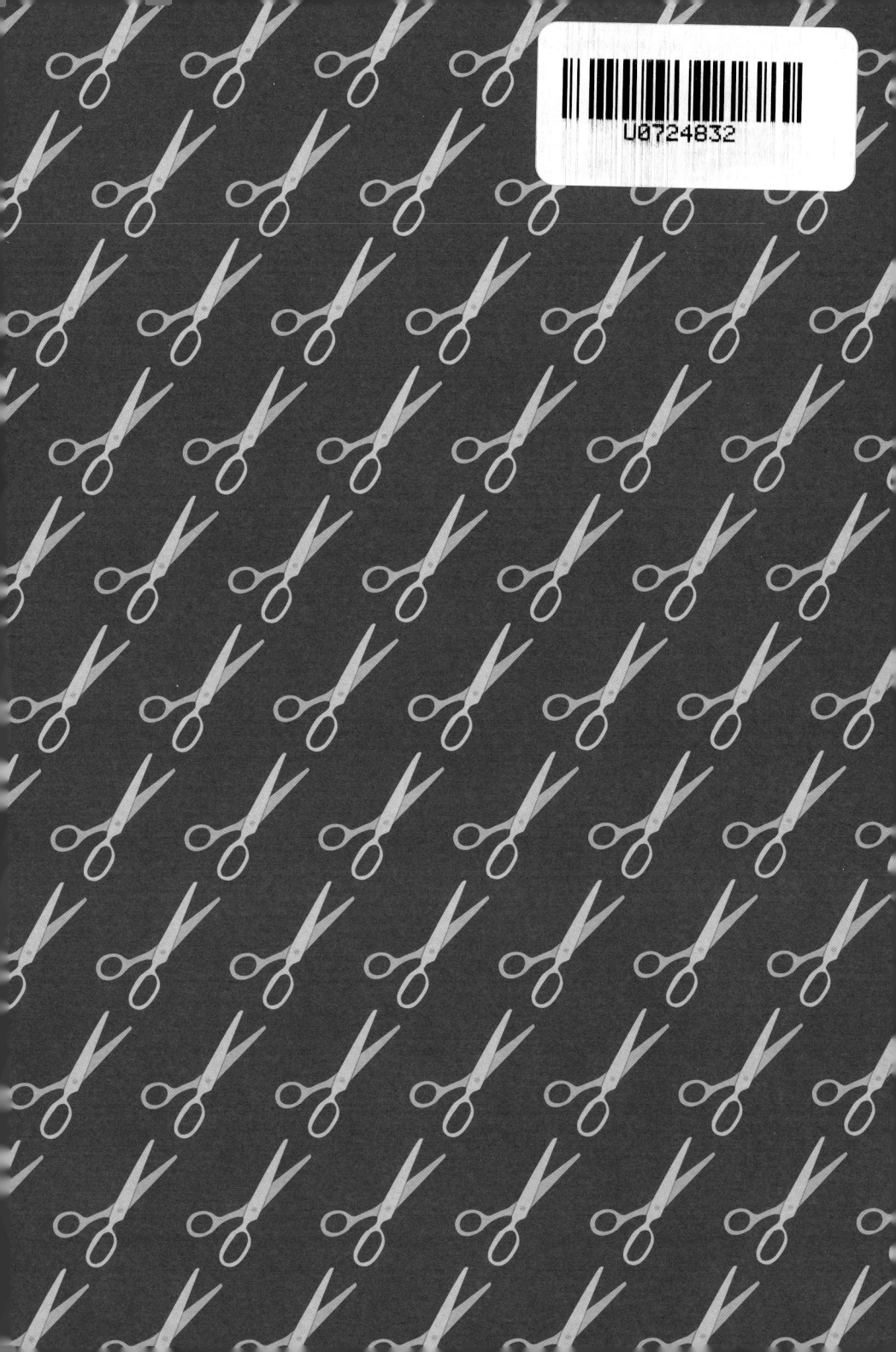

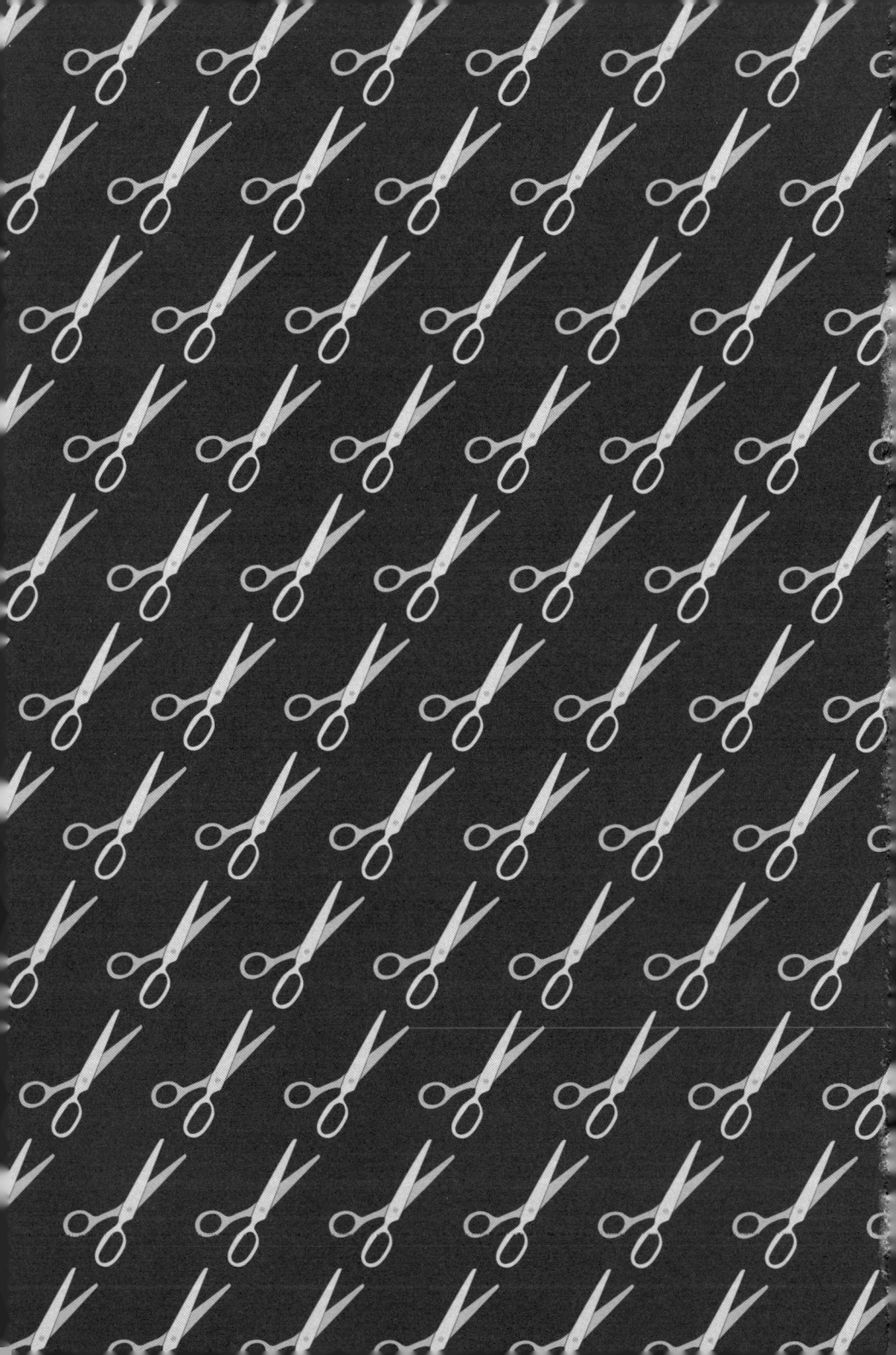

BIOGRAPHIC
COCO

香奈儿传

［英］索菲·柯林斯　著

段于兰　译

重庆大学出版社

香奈儿传

[英] 索菲·柯林斯　著

段于兰　译

BIOGRAPHIC
COCO

by Sophie Collins

图书在版编目（CIP）数据

香奈儿传 /（英）索菲·柯林斯（Sophie Collins）
著；段于兰译 . -- 重庆：重庆大学出版社，2020.11
（50 个标签致敬大师丛书）
书名原文：Biographic：Coco
ISBN 978-7-5689-1722-3

Ⅰ . ①香… Ⅱ . ①索… ②段… Ⅲ . ①夏内尔（
Chanel，Gabrielle 1883-1971）—传记 Ⅳ . ① K835.655.7

中国版本图书馆 CIP 数据核字（2019）第 157570 号

版贸核渝字（2019）第 138 号

Text © Sophie Collins，2017，Copyright in the Work © GMC
Publications Ltd, 2017

This translation of Biographic COCO is published by
arrangement with Ammonite Press an imprint of GMC
Publications Ltd.

策划编辑：张菱芷

责任编辑：张菱芷　　　　装帧设计：琢字文化

责任校对：王　倩　　　　责任印制：赵　晟

*

重庆大学出版社出版发行

出版人：饶帮华

社址：重庆市沙坪坝区大学城西路 21 号

邮编：401331

电话：（023）88617190 88617185（中小学）

传真：（023）88617186 88617166

网址：http://www.cqup.com.cn

邮箱：fxk@cqup.com.cn（营销中心）

全国新华书店经销

重庆新金雅迪艺术印刷有限公司印刷

*

开本：880mm×1240mm　1/32　印张：3　字数：155 千

2020 年 11 月第 1 版　2020 年 11 月第 1 次印刷

ISBN 978-7-5689-1722-3　定价：48.00 元

目录

标志性

当我们可以通过一系列标志性图像辩识出一位时尚设计师时，我们就能意识到，这位设计师及其作品对我们的文化和思想产生了多么深刻的影响。

介绍

似乎每个人，都能从可可·香奈儿的人生得到些启发：对于浪漫主义者，她是如此勇敢，从可怜的修道院孤儿到巴黎家喻户晓的大人物，一路逆袭，翻盘人生；对于时尚人士，她是改革先锋，其品位和优雅早已成为时尚社会的代名词；而对于弗洛伊德理论追随者（译者注：弗洛伊德精神分析理论中对"恋父情结"进行了较为深入的研究），她是那个孤苦伶仃的小女孩，从未放弃对父亲的找寻。所有这些视角都是正确的，然而，却没有哪一个能讲述最完整的可可·香奈儿。

如果把香奈儿白手起家的经历写成一本小说，那一定让人无法相信它的真实性。香奈儿自己也将故事情节搅和得更加错综复杂。作为一个彻头彻尾的幻想家，她围绕自己的童年时期和少女时代编织出各种梦幻的故事，让读者远离事实。不仅如此，她还会习惯性地藏起自己 10 年的光阴（有时还不止），甚至将它远远抛弃，以至 50 来岁的她，看起来年轻得让人难以置信。

"从来没有人告诉可可·香奈儿，你应该思考些什么。"

——香奈儿
1944 年 9 月，接受马尔科姆·马格里奇（Malcolm Muggeridge）采访

幸运的是，香奈儿故事的迷人之处在于，它吸引着无数的传记作者剥开表象，深入挖掘，揭开谎言和谜团，让真相，至少是绝大部分真相，展露出来。真相令人惊讶的程度绝不亚于传闻中的情节：偏远小镇出身的贫苦女孩；摆脱"小裁缝"的卑微身份；在第一个情人的庄园消磨了几年光阴后，终于在时尚之都巴黎找到立足之地。在那个满是褶边、蕾丝和让人难受得透不过气的束胸内衣的年代，她那既优雅又男孩子气的风格，简洁而利落的剪裁，独具魅力。

35 岁那一年，可可为爱心碎。但她仍然与欧洲最显赫的达官贵族们保持密切互动，从俄国的流亡皇室成员到拥有最纯正血统的英国贵族，可左右逢源，游刃有余。她轻而易举地进入波西米亚艺术圈，连毕加索（Picasso）也被她吸引。同时，她也用自己的财富为有识之士提供经济援助，比如谢尔盖·狄亚基列夫（Sergei Diaghilev）。作家柯莱特（Colette）就曾经形容加布里埃·香奈儿（Gabrielle Chanel）看起来像头小黑牛，埋头俯首，随时准备冲刺，只要是她设定的目标，就没有实现不了的。然而，另一些人看到的似乎是她闲散慵懒的那一面：比如她的第一位情人艾提安·巴勒松（Étienne Balsan），就曾经担心她成天在乡间庄园里晃悠着，幻想着，最后会变成个什么样子。然而，香奈儿很快便开始了自己的制帽生意，而这个小小的事业，最终成就了她的商业王国。

也许是为了避免让她的故事看起来太过完美，香奈儿在第二次世界大战期间的真实经历为这个故事投下了些许阴影。这期间，她结交上一位德国情人，因此香奈儿公然抨击她香水公司的犹太生产商们蓄意掠夺她的资产。也许正因为如此，人们便不难理解，一向是焦点人物的香奈儿，为何在战后七年间低调行事。1954 年，香奈儿重返时装界，即便这次复出也充满了传奇色彩：巴黎对她嘲笑不止——一个年逾 70 的女人，凭什么来指导时尚的年轻人如何穿衣打扮？而美国人的热烈赏识为她挽回了颜面，并且，晚年的这些设计作品为她带来了巨大的成功。

《香奈儿传》截取香奈儿的每一面快照——惨遭遗弃的小女孩、成功的商业女性、挫败的情人、忠诚又毒舌的朋友——她的商业帝国与她的个人世界交织纠缠。我们将这些信息一丝一线密密缝合，读者便能在香奈儿的传奇世界中，慢慢地熟悉这位神秘的法国小姐。

虽然，香奈儿的人生故事定格在巴黎利兹酒店的一个星期天的晚上（据她的女仆回忆，可可临终前的最后一句话是"这就是死亡的样子……"）。然而，在无数围绕她名字和她无限优雅的影像中，她的传奇仍在继续。

"香奈儿真正热爱的就是工作。除了工作，她最喜欢的便是什么也不做。她是一个杰出的懒人。"

——珍妮特·弗兰纳（Janet Flanner）
1931 年《纽约客》（*The New Yorker*）
关于香奈儿的介绍

"香奈儿是法国最伟大的人物……除开年龄，她依旧闪闪发光，是迄今为止最横冲直撞、最难对付的女人。"

——保罗·莫朗（Paul Morand）
1964 年 5 月 1 日在一封信中写道

可可·香奈儿

01
生活

"人不应该孤独地生活，这本身就是个错误。我曾经以为我必须独自谋生，可是，我错了。"

——香奈儿老年对她的朋友
克劳德·德雷（Claude Delay）说道

加布里埃·波纳·"可可"·香奈儿

1883 年 8 月 19 日出生于法国索米尔。

香奈儿的出生环境之贫寒窘迫，超出人们的想象。她的母亲欧也妮·珍妮·德沃勒（Eugénie Jeanne Dévolle）未婚先孕，把香奈儿生在了法国西部卢瓦尔（Loire）河谷地区的索米尔，在她当洗衣女工的工作厂房里。

珍妮和四处漂泊的流浪汉亨利-阿尔伯特·香奈儿（Henri-Albert Chanel）一共生了六个孩子。香奈儿是他们的第二个女儿，大女儿朱莉亚·贝尔特（Julia Berthe）早一年出生。两个女孩，加上后来出生的另外四个孩子，组成这个穷困潦倒的家庭。当政府人员上门登记香奈儿出生证明的时候，她的父母亲居然都不在场，因此，香奈儿的姓氏被误写作"香斯纳尔"。虽然夫妻二人在香奈儿出生后几个月结了婚。但香奈儿的父亲阿尔伯特却从未在同一个地方长时间停留，一大家子，要么在贫苦中焦急地等待他的归来，要么追随其后四处辗转奔波。

法国

索米尔

出生于法国索米尔的还有：▶

安娜·达西埃

（Anne Dacier）
（1654—1720）

杰出的古典主义学者

| 1月 | 2月 | 3月 | 4月 | 5月 | 6月 |

纽约

纽约第一家大都会歌剧院（Metropolitan Opera House）开业。首场演出为古诺（Gounod）的《浮士德》（*Faust*）。该歌剧院于 1967 年被拆除。

纽约

科尼利厄·范德比尔特二世（Cornelius Vanderbilt II）的夫人身着女设计师查尔斯·沃斯（Charles Worth）设计的电灯礼服（电灯能亮起），参加第五大道范德比尔特大厦举办的化妆舞会。

纽约

布鲁克林大桥开通。但仅仅一周以后，大桥发生踩踏事故，致使 12 人丧生。

伦敦

3 月 14 日，社会主义创始人卡尔·马克思（Karl Marx），在伦敦逝世。

1883
年的世界

香奈儿漫长的一生都生活在一个有趣的时代。她与弗兰茨·卡夫卡（Franz Kafka）以及贝尼托·墨索里尼（Benito Mussolini）同年出生。从极度贫穷到奢侈富裕，她经历了财富的惊人巨变。从法国乡下的贫穷女孩，到举世瞩目的高雅女子，她的每一步，都让人们看到她与那个时代最伟大的艺术家、贵族阶层以及政治家的交集。香奈儿总是习惯性地宣称自己出生于 1893 年，整整年轻了 10 岁，然而，出生证明可骗不了人。

阿姆斯特丹

最后一只登记在册的非洲小斑马在阿提斯阿姆斯特丹皇家动物园死亡。普通斑马和非洲小斑马之间的差别其实并不大，因此，人们在多年以后才意识到这个物种的灭绝。

莫斯科

俄国沙皇亚历山大三世 (Tsar Alexander III) 加冕登基。

爪哇

8月26日到27日，喀拉喀托火山 (Krakatoa) 爆发。火山引发的海啸致使36 000 人丧生。

从巴黎到维也纳

东方快车 (The Orient Express) 开启它的处女之行，发往维也纳。当年稍后些时间，这趟列车便可以开往伊斯坦布尔。

艾米利亚-罗马涅

7月29日，意大利国家法西斯党 (National Fascist Party) 未来的领袖，贝尼托·墨索里尼出生于意大利东北部。

艾德丽安·香奈儿
(Adrienne Chanel)
(1882—1956)

姑姑

亨利-阿尔伯特·香奈儿
(Henri-Albert Chanel)
(生于1856)

父亲

朱莉亚–贝尔特
Julia-Berthe
(1882—1910)

加布里埃
Gabrielle
(1883—1971)

阿尔芬斯
Alphonse
(1885—1953)

香奈儿家族谱系

香奈儿 12 岁时，她年仅 32 岁的母亲便因结核病
不幸离世。阿尔伯特·香奈儿将他的三个女儿安
置到奥巴辛（Aubazine）一个女修道院的孤儿院
里，而两个儿子则被送去当地农场工作。他自己，
继续回到流浪汉的生活。据说，香奈儿从此再也
没有见过她的父亲。她与妹妹安托瓦内特，以及他
们的姑姑艾德丽安非常亲近。虽然香奈儿一直没有
自己的孩子，但她在姐姐朱莉亚 1910 年过世之后，
便一直抚养其儿子（她的侄子）安德烈·帕拉斯。

安德烈·帕拉斯
André Palasse
(1904—1981)

侄子

麦穗，财富的象征，成为香奈儿设计中反复出现的主题元素，同时也是她的幸运符。

欧也妮·珍妮·德沃勒
Eugénie Jeanne Dévolle
(1863—1895)

母亲

安托瓦内特
(Antoinette)
(1887—1920)

吕西安
(Lucien)
(1889—1941)

奥古斯汀
(Augustin)
(生&逝于1891)

加布里埃·帕拉斯–拉布吕尼
Gabrielle Palasse-Labrunie
(1926—2014)

海伦尼·帕拉斯
Hélene Palasse
(生于1929)

曾侄女

曾侄女

艰辛的起步

香奈儿似乎非常热衷于粉饰她的幼年生活，但其实她真的大可不必。作为灰姑娘，从草根到豪门，她的逆袭故事实在不能再传奇。香奈儿幼年的生活同《格林童话》如出一辙——身患结核的母亲、一无是处的父亲、遭受遗弃的小女孩、沉闷无趣的修道院教育。可是，当她一进入社会，便用智慧、美貌与无尽的活力，证明自己是苦难里独一无二的那个幸存者。在30岁时，她已经开始在全世界留下她的印记。

1883

8月19日，香奈儿出生在索米尔。她的童年就是与母亲和兄弟姐妹们一起，追随着那个流浪汉父亲，四处奔波。后来，她说，"可可"这个称呼，来自父亲对她的昵称。

1908/9

香奈儿结识了英国实业大亨家的风流公子亚瑟·"鲍依"·坎佩尔（Auther 'Boy' Capel）。这时她与巴勒松友好而礼貌地分手，此后，两人一直保持着朋友关系，直到1953年巴勒松过世。

1895

香奈儿的母亲死于结核病。朱莉亚、香奈儿和安托瓦内特被送往奥巴辛一个女修道院的孤儿院。正是在那里，她们学习到了最基础的缝纫技巧。

1905

香奈儿邂逅了父母双亡的年轻军官艾提安·巴勒松。巴勒松对骑马有着浓厚的兴趣。香奈儿成为他的情人后，便随他回到乡村庄园——皇家领地（Royallieu），并在那里一住便是四年。

1901

香奈儿成为位于法国穆兰（Moulins）的巴黎圣母院学校（Notre-Dame school）的住宿生。她的其中一位同学便是仅仅年长一岁的姑姑艾德丽安。两个女孩一直很亲近，直至1956年艾德丽安过世。

1903

年仅19岁的香奈儿在穆兰的一家布料商店工作，既做裁缝又当店员。同时，她还到歌舞咖啡馆兼职做夜间歌手。虽然她并未就此一举成名，但"可可"这个名字，倒是慢慢为大家所熟知。

1909

香奈儿开始了自己的第一份事业——在巴勒松位于巴黎马勒塞尔贝大道（Boulevard Malesherbes）的公寓里开了家帽子店。

1918

第一次世界大战结束，香奈儿回到巴黎。她买下康朋街31号，并将其并入之前的店铺，从而扩大了门面。她的服装开始吸引美国的新闻媒体。坎佩尔娶了门当户对的英国美丽贵族小姐黛安娜·温德姆（Diana Wyndham），不过仍然和香奈儿保持联系。

1910

在坎佩尔的贷款资助下，香奈儿在巴黎康朋街21号开设了自己的第一家店铺——Chanel Modes。几年以后，她开始销售朴素的泽西岛服饰来搭配她的帽子。姐姐朱莉亚过世以后，她便承担起侄子安德烈的抚养和教育责任。

1917

香奈儿经人介绍，认识了她最亲密的女性朋友米西亚·爱德华（Misia Edwards）。通过米西亚，她开始接触艺术家圈子，她剪成波波短发，使得自己"摩登"的造型更加深入人心。

1913

香奈儿的第二家店铺在时尚的多维尔（Deauville）开业。她的姑姑艾德丽安和妹妹安托瓦内特都加入其中，帮助她打理生意。

1916

香奈儿已经成功到足以开始回报坎佩尔了。这时，她的员工已经达到300人。

1915

第三家门店在比亚里兹（Biarritz）开业。正是在这里，她开始为顾客们设计高级定制时装。

香奈儿的巴黎

事业取得成功后，香奈儿开始不间断地旅行，足迹从瑞士到蒂罗尔再到威尼斯，与西敏公爵（Duke of Westminster）一起造访苏格兰，甚至远赴好莱坞短暂逗留。而在家乡巴黎，她日常的轨迹则是持续不断的工作与有限区域内的活动。她绝大部分的时间都在办公室里忙碌着——从起初的康朋街 21 号，到后来的升级店康朋街 31 号。

1921 到 1936 年，香奈儿的家是位于巴黎郊区圣安娜（rue du Faubourg Saint-Honoré）29 号的一处豪宅。从 1937 年开始，她便住进了巴黎利兹酒店有着同样装修风格的套房，这一住便是 34 年。在巴黎当香奈儿需要外出时，很少走得太远。也许有时是去剧院逛逛，有时是去安吉丽娜咖啡馆（Angelina's）喝杯热可可，或者去马克西姆餐厅（Maxim's）吃顿晚餐。几乎所有生活需求，在第一区到第八区之间都能得以满足。而她的这些核心据点都是如此的优雅、隐秘而且奢华。

第八区

第十六区

07

01　康朋街 21 号

02　康朋街 31 号

03　巴黎郊区圣安娜 29 号

04　巴黎利兹酒店，旺多姆广场 15 号

05　马克西姆餐厅，皇室大道 3 号

06　安吉丽娜咖啡馆，瑞沃里大街 226 号

07　香榭丽舍大剧院

工作

居家

社交

香奈儿传

巴黎利兹酒店，
可以俯瞰
旺多姆广场

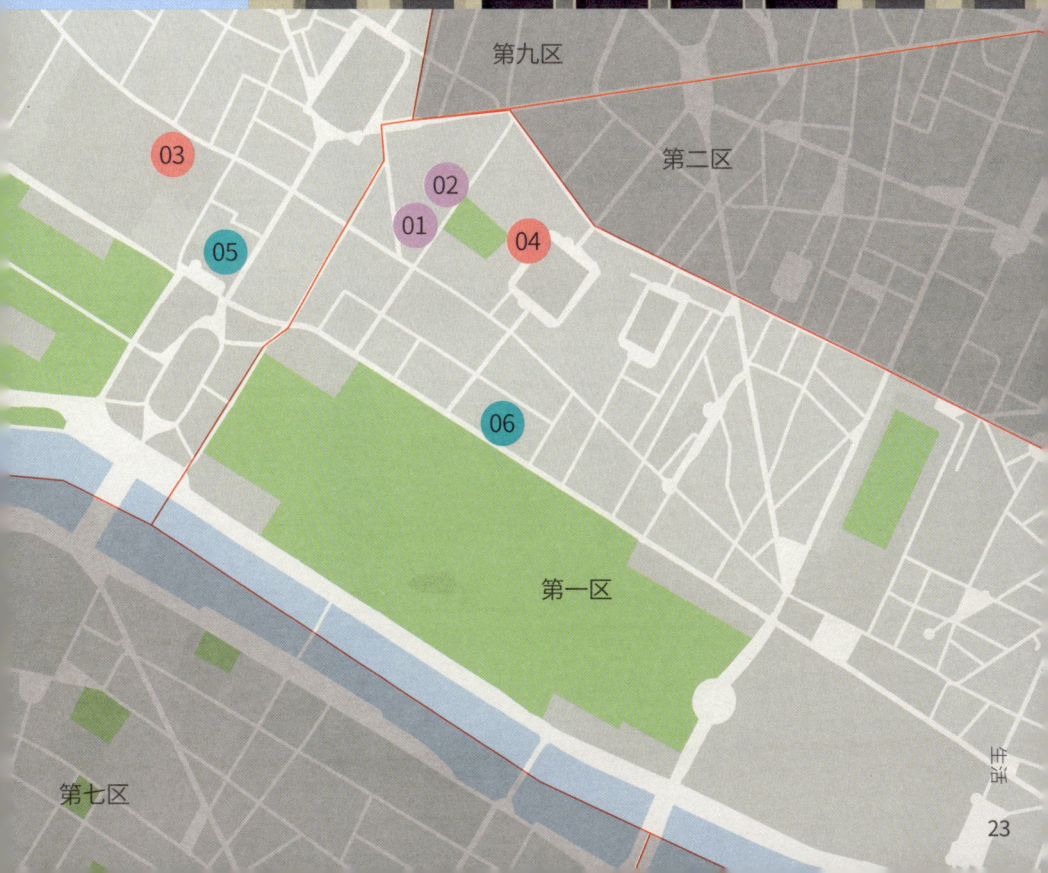

第九区

第二区

03

02

01

05

04

06

第一区

第七区

成为"香奈儿"

香奈儿商业的成功得益于第一次世界大战结束后时尚潮流的变革更新。简洁实用渐渐取代夸张繁复。丰富的面料种类，简单的外形轮廓，香奈儿的设计顺应了时代的发展。然而，香奈儿的私生活却让她越发地陷入痛苦。失去坎佩尔——第一次的失去是因为他娶了别人，第二次则是因为他在车祸中丧生——对香奈儿的打击巨大。她的妹妹，也是她唯一幸存的姐妹，安托瓦内特，又在坎佩尔逝世后的一年去世。

1919

安托瓦内特·香奈儿与加拿大飞行员结婚并移民。12 月，坎佩尔在车祸中离世，在遗嘱中，他留给香奈儿四万英镑的遗产。

1924

香奈儿与沃特海默兄弟（Wertheimer brothers）一起创立了香奈儿香水公司。她还为科克托（Cocteau）的《蓝色列车》（*Le Train Bleu*）设计戏服，这场舞台剧由俄罗斯芭蕾舞团演出。同时，她也开始服饰珠宝的设计。

1920

香奈儿从坎佩尔去世的沉痛中慢慢恢复过来，她陪伴米西亚和荷西·塞尔夫妇去往威尼斯度蜜月。

1922

以年份而得名，一款新的香氛——香奈儿 22 号（Chanel No.22），在这一年发布上市。香奈儿为科克托的《安提戈涅》（*Antigone*）设计舞台服饰。

离开丈夫的安托瓦内特在阿根廷布宜诺斯艾利斯去世，其死因据说是西班牙流感，也有人说是自杀。

1921

香奈儿发布她的第一款香水，香奈儿 5 号（Chanel No. 5）。她开始了与诗人皮埃尔·勒韦迪（Pierre Reverdy）一段稳定的恋爱关系。两人结束长达五年的情人关系后，一直维持着亲密的朋友关系，直到诗人辞世。

香奈儿与俄国最后一个沙皇的侄子，德米特里大公（Grand Duke Dmitri）开始了一段短暂又激情的恋爱时光。那时，这位俄国大公作为流亡人士，居住于巴黎。

N°5
CHANEL

香奈儿传

1925

香奈儿开始与西敏公爵的恋情。

1926

香奈儿设计出第一款"小黑裙"（little black dress）香水。

1927

香奈儿在伦敦梅费尔（Mayfair)开设专卖店。

1927

香奈儿位于法国蔚蓝海岸的 La Pausa 别墅开始施工。

1931

香奈儿与塞缪尔·戈德温（Samuel Goldwyn）签订合约，并前往好莱坞为众多巨星设计礼服。她开始了与插画家保罗·埃里布（Paul Iribe）的恋情。

1939

她为让·雷诺阿（Jean Renoir）执导的电影《游戏规则》（*La Règle du jeu*）设计服装。当第二次世界大战拉开帷幕，她关闭了工作室，遣散了大部分员工，在战争期间只保留香水和配饰专卖店持续营业。

1937

香奈儿搬出她位于巴黎郊区圣安娜 29 号的豪宅，住进了巴黎利兹酒店的套房。

1935

在 La Pausa 别墅内举办的一次网球比赛中，埃里布意外去世。香奈儿目睹了这一悲剧，从此需要医生开出的吗啡才能入眠，并不得不依赖这一药物度过余生。

1932

香奈儿设计出第一款高级珠宝系列，"Les Bijoux des Diamants"。11月，她在巴黎举办该系列的钻石珠宝展。

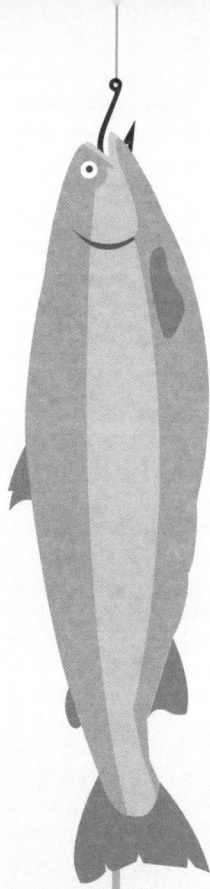
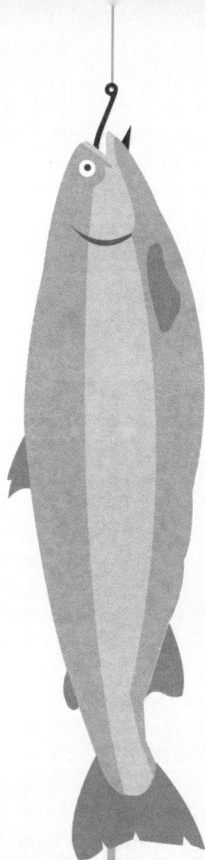

汤普池塘	公爵池塘	公爵池塘	草甸池塘
18 磅	**17 磅**	**12 磅**	**14 磅**
（8.2 千克）	（7.7 千克）	（5.4 千克）	（6.4 千克）

运动人生

从早年在皇家领地别墅与巴勒松和骑术套装为伴的生活开始，香奈儿就一直热衷于运动。在那个只接受女人侧坐于马鞍的年代，她一反常规，身着男士马裤，双腿跨坐马背骑行；而在与西敏公爵二世（小名本德 Bendor，是他祖父赛马的名字）的恋情期间，她成日与英国朋友们打猎游玩；此外，她也很喜欢冬季运动项目，比如在圣·莫丽兹（St. Moritz）滑雪、坐雪橇。然而，世人知之甚少的是，香奈儿还是一名极具天赋的钓鱼高手。恋爱期间，本德和香奈儿每年都到洛奇米尔（公爵在苏格兰的一块广袤的领地）垂钓三文鱼——可可总是能比其他人钓到更多的鱼。

1940

巴黎沦陷后，香奈儿短暂离开，之后重返，从此便一直住在利兹酒店的套房。她为了让侄子重获自由，与丁克拉格 (Dincklage) 结识。此人外号"麻雀"，是德国高级外交官，据称也极有可能是纳粹间谍。两人的情事在第二次世界大战期间一直延续。

1944

有关间谍罪和通敌罪的指控紧追香奈儿不放，战后，她接受了法国政府当局的短暂问讯，但很快就被无罪释放。

绝密档案

流放
&
复出

1940 年 6 月巴黎沦陷，香奈儿公司高级定制时装店随之停业，其业务状况已是今非昔比。第二次世界大战期间，香奈儿的生活更倾向于投机活动，认可之人甚少。人们指责她处处通敌，充当纳粹间谍，其声誉严重受损。战争结束后，她保持低调多年，直到 1954 年以 71 岁高龄复出，重返时装界，令人惊叹不已。

1945

在瑞士逗留期间，香奈儿发明了一款新的香水，"可可小姐"（Mademoiselle）。

1947

香奈儿与沃特海默兄弟签订协议，该协议为她的生活提供了财务保障。此后若干年，她一直背离故土，住在自己位于瑞士洛桑（Lausanne）的房子里。

1955

香奈儿发布了 2.55 手袋。这只有着金属肩带的绗缝皮包，成为她一生中最为持久的经典设计作品之一。

1956

香奈儿设计出第一件直身、粗花呢短套装。很快，这一设计便引领了时尚潮流。

1954

香奈儿高级定制时装以春季系列复出，却被巴黎时尚媒体批判为过时老套的设计。然而，数周之后，来自美国热烈积极的反响让香奈儿的作品重放光芒。

1969

凯瑟琳·赫本（Katharine Hepburn）出演百老汇音乐剧《可可》（COCO）。该剧从 1969 年 12 月 18 日开始上演，创下了连演 329 场的舞台奇迹。

1970

香奈儿19 号（Chanel No.19）香水开售。

1953

时隔 14 年，香奈儿的定制时装店重新开业。西敏公爵离世，香奈儿卖掉了 La Pausa 别墅。

1971

1 月 10 日，可可·香奈儿在她位于巴黎利兹酒店的套房里辞世。

香奈儿是纳粹间谍？

即便是香奈儿最坚实有力的支持者们，也不敢坚称她在第二次世界大战期间的言行举止完美无缺。但是，2011年出版的一本书，似乎就此进行了更为深入的研究。该书作者，美国人霍尔·渥恩（Hal Vaughan）将这位巴黎时尚女王虚拟为成熟老道的纳粹间谍。从那以后，人们便开始在香奈儿的勾结通敌一事上争论不休。虽然她与巴伦·冯·丁克拉格（Baron von Dincklage）漫长的情史有据可查，但是，其他的信息似乎早已模糊不清了。

绝密
绝密

巴伦·冯·丁克拉格

香奈儿的反对者们指出，她与丁克拉格之间的风流韵事其实只是真相的冰山一角。他们声称，丁克拉格是德国军事谍报局的一员；而法国情报局的近代资料也显示，他们曾怀疑香奈儿是为冯·丁克拉格工作的一名纳粹间谍。

然而，支持者们则认为，香奈儿与丁克拉格之间的绯闻是因为两人惺惺相惜；丁克拉格只是帮助了香奈儿被作为战俘的侄子得以释放。支持者坚称，丁克拉格是一名单纯的大使馆随行人员，而非间谍。同时，他们还指出，丁克拉格的母亲是名英国人，而香奈儿也曾说过，第二次世界大战爆发之前他们就相识已久了。

间谍
F-7124 号

代号 "西敏"

据称，尚未对公众开放的官方档案显示，已发现香奈儿的间谍号码 F-7124，及其代号"西敏"。

"模特帽" 行动

1943 年，香奈儿前往马德里执行"模特帽"行动（Operation Modellhut）。此行结束后，有证据显示她于某日与德国情报局党卫军局长瓦尔特·施伦堡在柏林会面。而这一既定事实也是香奈儿辩称无辜最难解释的一件事。

而支持者们认为，所谓的"模特帽"行动，事实上是一次寻求和平的尝试。她在马德里约见了英国驻西班牙大使塞缪·霍尔爵士，并试图斡旋，以促进丘吉尔及西方同盟国和德国总司令之间的对话。

柏林

巴黎

马德里

损害限制

不管传闻真实与否，战后，香奈儿迅速地将自己树立成战胜方的支持者形象。战争即将结束之际，她便在康朋街的香水店贴出告示，向每位士兵免费赠送一瓶香奈儿 5 号香水。

香奈儿的回归

1954 年 2 月 5 号下午 2:00，香奈儿发布了最新设计……

第二次世界大战后的数年间，在瑞士的 La Pausa 庄园里，香奈儿与侄子安德烈·帕拉斯一家度过了安逸悠闲的时光，她偶尔还与朋友结伴旅行。香水的热销让香奈儿的财富剧增，因此她根本没有必要为生计而工作。那么，到底是什么促使香奈儿重返时装世界呢？或者是因为她无法眼睁睁地看着迪奥的"新时尚"让令人窒息的紧身胸衣死灰复燃？又或者，她不能对迪奥繁复累赘的用料袖手旁观？再或者，她仅仅就是想要做点什么而已？

法国的反应
1954 年 2 月 6/7 日

法国媒体痛批了这次时装发布会。其中最恶毒的标题是《战斗报》（*Le Combat's*）的报道"Chez Coco Chanel à Fouilly-les-Oies en 1930"——翻译过来便是"新瓶装老药：来和可可·香奈儿一起土得掉渣吧"。《费加罗报》（*Le Figaro*）说，这感觉就像乘坐时光穿梭机一样，一路倒退，回到 1925 年。香奈儿为此深受打击，不过她还是回到康朋街，开始为下一系列的设计而拼命工作。

1954 年 3 月

美国人对香奈儿设计的态度帮她狠狠扳回一局。报摊杂志亭里的法国版《Vogue》（*Vogue Paris*）封面上，香奈儿设计的海军蓝套装、白色女士衬衫以及水手帽大大吸引着人们的眼球。

主动出击美国

香奈儿深知，她必须得拿下美国市场。在香奈儿高级定制时装重出江湖前的五个月，她亲自写信给《时尚芭莎》（Harper's Bazaar）的主编——卡梅尔·史诺（Carmel Snow）女士，为高级成衣的销售打通道路，而美国方面也表现出十足的诚意。

1953年9月24日，史诺女士亲自回复电报：

电报

获悉一流的高级成衣制造商对您的新款设计兴趣浓厚。您的时装展何时准备就绪？您会随展来纽约吗？是否运送面料过来？乐意帮忙。

来自美国的热烈回应

香奈儿足足等了近一个月，才通过审查，获批入境美国。《生活》杂志用大幅专题进行报道，致敬她的回归：

"众多优雅而简洁的时装让人耳目一新……"

伊人长眠

1971 年 1 月 10 日，香奈儿在巴黎利兹酒店的公寓辞世，终年 87 岁。她的女仆赛琳看到她自己注射吗啡——这是 1935 年起，医生为治疗失眠而为她开出的处方药品。几分钟后，赛琳听到她在隔壁房间大声呼救。当医生赶到时，香奈儿已经停止了呼吸。

香奈儿被葬在瑞士洛桑城市公墓。她的墓碑，由曾侄女加布里埃·帕拉斯的丈夫雅各布·拉布鲁尼设计。墓碑上，刻有五头狮子。

五头狮子

狮子：
她的星座
5：
她的幸运数字

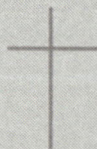

加布里埃·香奈儿

1883—1971

可可·香奈儿

02
世界

"20 世纪的法国，有三个人将名垂青史：戴高乐、毕加索、香奈儿。"

———安德烈·马尔罗（André Malraux）
法国作家、政治家

加布里埃·"可可"·香奈儿

身世背景

贫苦潦倒
生于济贫院
洗衣女工和流浪汉的女儿
修道院里受教育
进军时装界之前以制帽为生

设计灵感

舒适的面料
简洁的轮廓
部分灵感来自男士服装和工作制服

经典服装

小黑裙

著名的"LBD"标签，其实是在这款设计面世很久以后才被贴上的。设计之初，这款裙装被《Vogue》杂志称为"香奈儿的福特"，意即像福特轿车一样家喻户晓，而这款设计也将成为"适合各种品位的女人的时装"。

重要年份：
1921

香奈儿 5 号香水问世。在签署这款香水的生产和发行权时，香奈儿犯了少有的商业错误，且事后她才意识到这个错误有多严重。

87

卒
1971

生
1883

保罗·波列

关于保罗·波列和可可·香奈儿的相遇，有一个相传甚广的故事：某天，钟情于华丽面料和色彩的保罗·波列邂逅了香奈儿。那是 20 世纪 20 年代早期，香奈儿身着新潮时髦的小黑裙。"小姐，您穿黑裙在为谁服丧？"波列讥讽道。

"为你，先生。"香奈儿干脆利落地回应。这段轶事几乎可以肯定是杜撰的，但却简洁地勾勒出两人的关系。仅比波列年轻 4 岁且资历稍浅的香奈儿，是时装界快速上升的明星，而此时，波列的事业在第一次世界大战后开始衰落。1929 年，他被迫关闭了企业。但时至今日，波列仍然是第一位真正意义的现代主义时装大师，而在其鼎盛时期——1906 年到 1914 年第一次世界大战爆发之前，他是与香奈儿同样受人敬仰的大师级人物。

身世背景

布商之子
卑微的事业起点
创业之前，先后在引领时尚潮流的杜塞时装店和雅克·沃斯时装公司接受过培训

65

卒

1944

设计灵感

东方风格
俄罗斯芭蕾舞剧
裁剪简洁、线条笔直的披挂式时装
其设计理念和材质效果由维也纳工坊（Wiener Werkstatte）负责实现。

经典设计

灯罩裙（Lampshade Dress）

和他早期的设计一样，这款裙装让女人们不再受紧身胸衣的束缚。这是一款高腰、灯罩形状的上衣，用线条在底部打上褶皱（仍然是收拢的形状），下身搭配蹒跚裙（hobble skirt）。

重要年份：

1911

发布香水"玫瑰心"(de Rosine)，生产室内香氛，创设"Atelier Martine" 服饰和室内设计公司（这两家企业分别以波列两个女儿的名字命名）。波列是首个为顾客打造全方位品牌生活方式的时装设计师。

生

1879

时尚的重量

1905 年的时装

1905 年的一整套精致服饰,不含外套,总重也超过

20 磅

（9 千克）

帽子

流行的巨大帽体,插满多达三种鸟类的羽毛

重达
5 磅
(2.3 千克)

紧身胸衣

僵硬且骨架感太强

重达
4 磅
(1.8 千克)

衬裙

可以让裙装显得足够丰满、挺立

重达
2 磅
(0.9 千克)

裙装

夏天是层层蕾丝和薄纱,而冬天是单薄却沉重的羊毛

重达
6 磅
(2.7 千克)

额外搭配

毛皮制品、围巾、各式小包和阳伞

重达
5 磅
(2.3 千克)

1915 年的时装

20 世纪早期的女装时尚，是极尽烦琐、束缚之能事，而且沉重无比。女人们不仅被有着沉重骨架的紧身胸衣塑造成夸张的"S"形，而且外套也是厚重的面料，让人难以轻快行动。香奈儿设计革新的一部分，反映出她对此现象的觉醒。女性需要行动起来——既能优雅而轻松地移动，也能毫无负担地弯腰和伸展。为此，她甚至穿着自己设计的时装做体操，借此来测试穿着的舒适性，从而让笨重如恐龙一般的"吉普森女孩"造型迅速过时。

帽子

小巧，织布或稻草材质，装饰品极少

不超过
1 磅
(0.45 千克)

胸衣

不再穿着紧身胸衣，改为轻便型内衣

不超过
1 磅
(0.45 千克)

裙装

简洁、直身，针织或轻薄羊毛为主要材质

不超过
2 磅
(0.9 千克)

1915 年一套精致的时装，总重量最多可以减少

16 磅
(7.3 千克)

探班香奈儿工作室

如今，人们谈论得更多的是香奈儿那些浪漫传奇和社交逸事，而非她作为时装设计师和商业女性的角色本身。甚至连丘吉尔都对香奈儿的多产感到敬畏，他在 1927 年给妻子的信中写道："她整日精力十足，目标明确。昨天晚餐后才奔赴巴黎，今天便在源源不断的人体模特中穿梭改进服装。短短三周时间里，她要为将近 200 个模特安排好所有着装……"可是，香奈儿并不总是一个值得同情的雇主，这或许是因为她自己令人印象深刻的职业道德观。当人们批评她对自己的模特吝啬克扣，她会反驳说这些可爱的女孩应该从情人那里得到关爱。香奈儿总是强调尊重，却并非时时关爱。

工作室等级制度

高级主管（PREMIERES MAINS）
"首席技师"。她们负责安排工作并承担难度最大的缝纫工作。

副主管技师（SECONDS）
经验丰富的裁缝技师，负责最主要的缝纫工作。

小工（PETITES MAINS）
位于见习裁缝师与受过培训的裁缝师之间的阶层，她们在严密的指导下工作。

见习生（ARPETES）
见习裁缝负责拿取、运送以及清洁等工作，她们可以在见习期间学习技艺。

沙龙卖场等级制度

销售员（VENDEUSES）
销售小姐，通常是以前的模特。

服装员（HABILLEUSES）
按字面解释就是"服装助理"。她们协助销售小姐拿取、交接服装，帮助顾客试衣，并竭尽全力为她们提供服务。

模特（MANNEQUINS）
模特为准顾客展示服装，同时她们还担当"打版"模特一职。有时一站好几个小时，直到样式成型然后试穿上身。

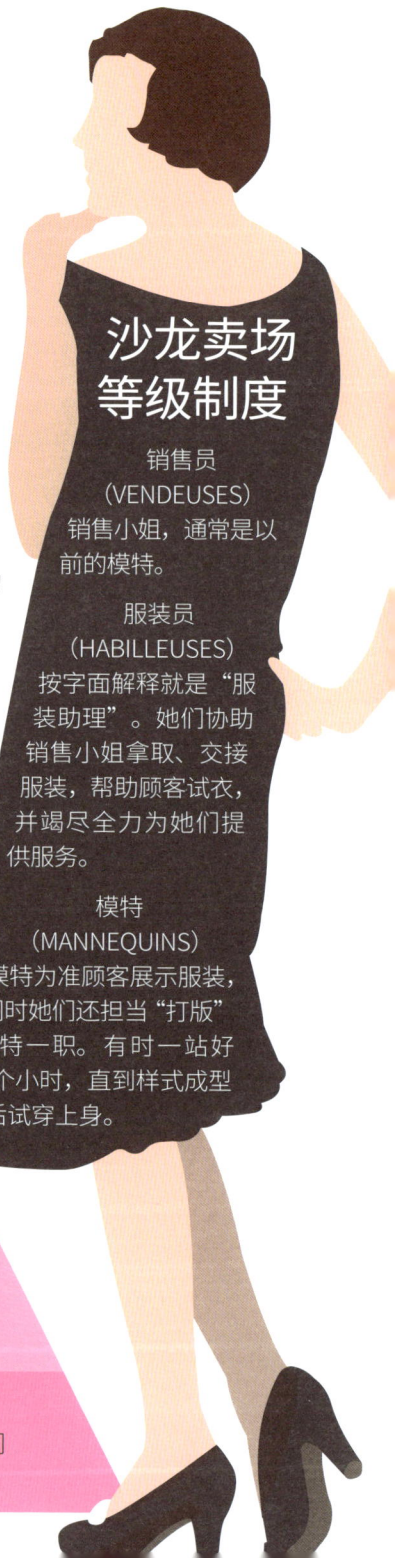

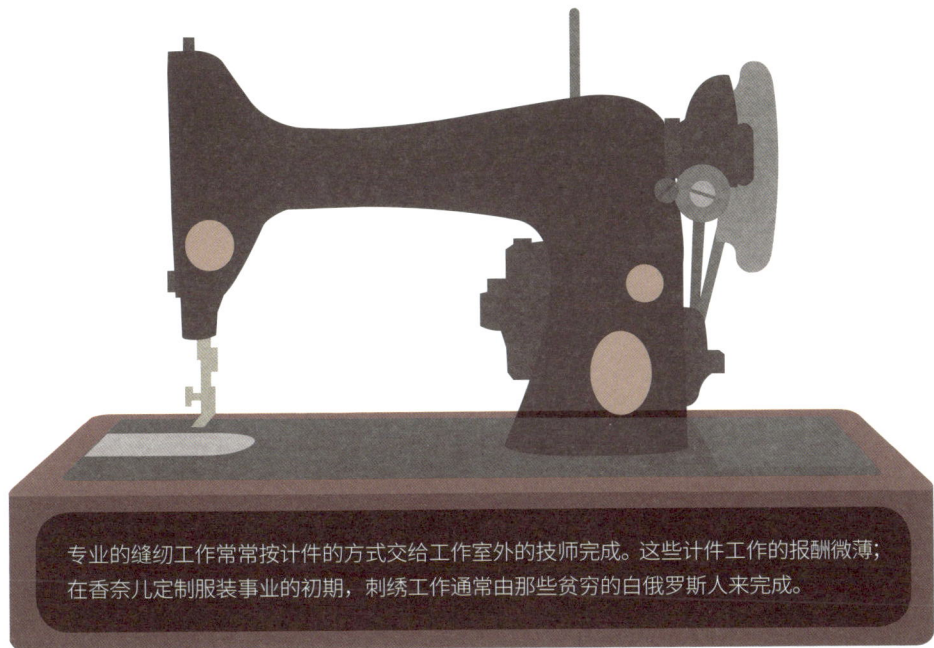

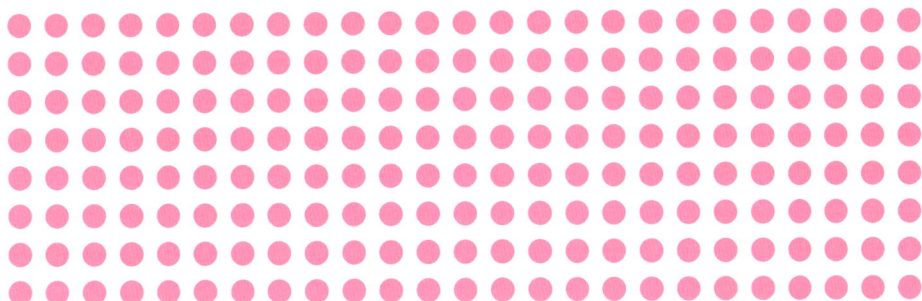

专业的缝纫工作常常按计件的方式交给工作室外的技师完成。这些计件工作的报酬微薄；在香奈儿定制服装事业的初期，刺绣工作通常由那些贫穷的白俄罗斯人来完成。

● =20 名技工

1935 年
4 000

这是受雇于香奈儿工作室的人数。1936 年 9 月，这些工人加入到席卷法国的罢工浪潮中，这让香奈儿很为难且恼怒。事实上，相较于其他地方的时装行业，她给的工资微薄且条件苛刻——很多员工根本没有工作合同，也没有规定工作时长。虽然最终香奈儿做出让步，可她从来没有忘记工人们曾经的反抗，并且多年后提及此事还感到苦涩。尽管如此，香奈儿仍然订立遗嘱，为那些长期追随她的、忠心耿耿的员工提供个人养老金。

LA PAUSA: 可可自己 设计的别墅

可可·香奈儿一生创作过许多精美的室内装饰，可亲自建造的房子，只此一栋。La Pausa 坐落在法国东南部马丁岬角之上的罗克伯鲁尔（Roquebrune）。这是一栋有七间卧房的度假别墅，能将地中海的美景尽收眼底。这个主意是香奈儿在一次与西敏公爵的夏季旅行中酝酿出来的。有传闻说西敏公爵对此提供了经济支持。然而，1929 年 2 月 9 日签署的契据上，只有香奈儿一个人的名字。

这栋由 28 岁的建筑家罗伯特·斯特兹（Robert Streitz）设计的别墅，最终呈现出休闲、宽敞、优雅、舒适的风格。在 20 世纪 30 年代早期，这里如磁石一般吸引了无数的波西米亚群体和艺术群体。

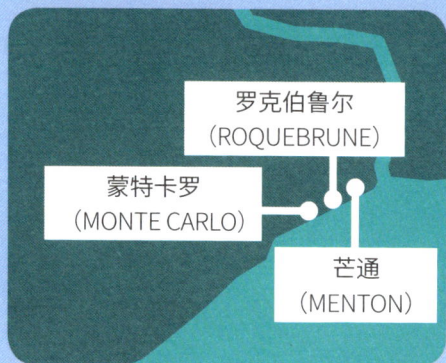

罗克伯鲁尔
（ROQUEBRUNE）

蒙特卡罗
（MONTE CARLO）

芒通
（MENTON）

花园

香奈儿是最早接受自然种植理念的人士之一。La Pausa 别墅遍地种满当地植物，有橄榄树、迷迭香、薰衣草丛以及各式雏菊。

1927年，该块土地价格

180万

法郎

1930 年，该房屋价值

600万

法郎

仅露台就用砖

10万匹

1953年，香奈儿将 La Pausa 别墅卖给了出版经纪人艾默里·里弗斯。2013 年，苏富比（Sotheby's）给出

4 500万

美元的参考价格后，香奈儿集团重新购回了 La Pausa 的所有权。

其宾客包括让·科克托、保罗·埃里布（在此辞世）、巴勃罗·毕加索、温斯顿·丘吉尔、卢奇诺·维斯康蒂。萨尔瓦多·达利还在其中一间客房待过一个夏天进行绘画创作。

赞助人，朋友，
还是情人？

从成年之初，香奈儿的生命里便人流如织、交际宽广。据她的朋友回忆说，她总是流连于人群之中，除非是她当时的亲密爱人，否则很难有和她单独相处的机会。同时，香奈儿也是个很好的朋友，她会用个人影响力给予朋友支持，也会在朋友最危难的时候提供经济资助。从某种意义上说，她的朋友们已经成为她的家庭成员。虽然香奈儿一直与姑姑艾德丽安和侄子安德烈·帕拉斯以及他的女儿保持着亲密关系，但她与其他家族成员却断绝了联系。第二次世界大战爆发时，香奈儿便告知她的两位哥哥，她不会再继续给予他们更多的帮助。本图的关联线索并不够完整丰富，但仍然能让我们对香奈儿的交际圈窥见一斑。

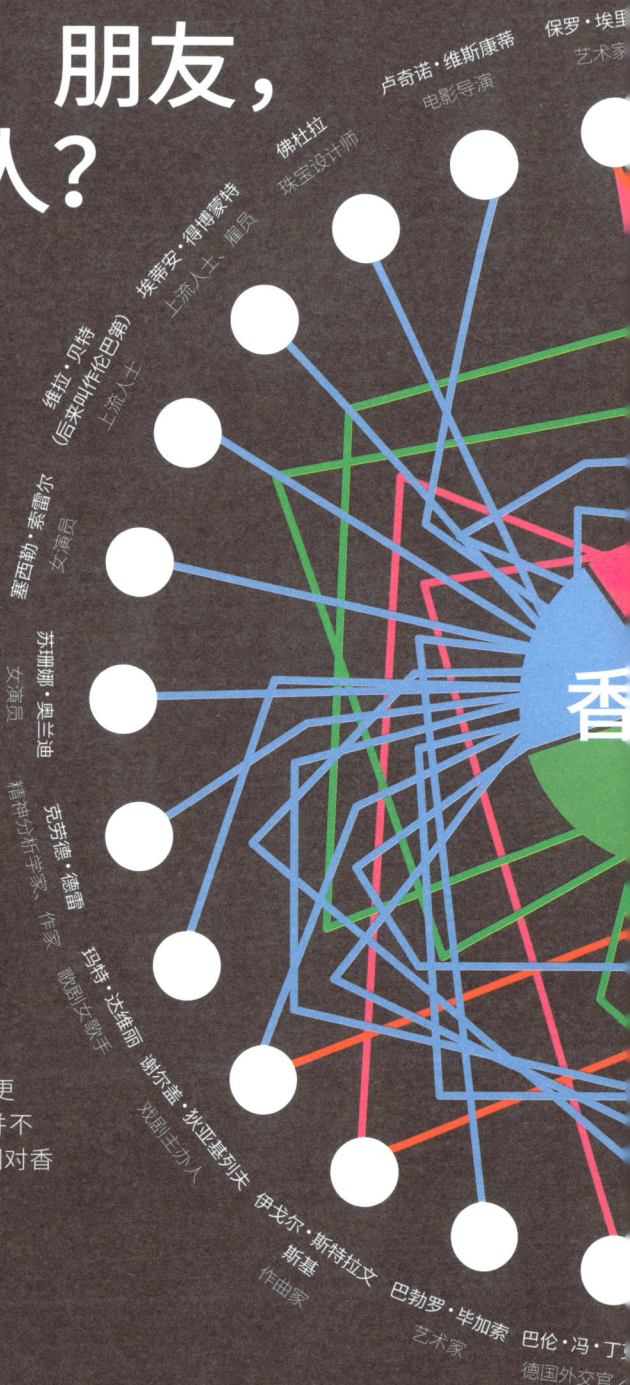

保罗·埃里
艺术家

卢奇诺·维斯康蒂
电影导演

佛杜拉
珠宝设计师

埃蒂安·得博蒙特
上流人士、雇员

维拉·贝特
（后来叫作伦巴第）
上流人士

塞西勒·索雷尔
女演员

苏珊娜·奥兰迪
女演员

克劳德·德雷
精神分析学家、作家

玛特·达维丽
歌剧女歌手

谢尔盖·狄亚基列夫
戏剧主办人

伊戈尔·斯特拉文斯基
作曲家

巴勃罗·毕加索
艺术家

巴伦·冯·丁
德国外交官、

香

雨安·香奈儿
姑姑

安德烈·帕拉斯
侄子

艾提安·巴勒松
上流人士

亚瑟·坎佩尔
商人，上流人士

米西亚·塞尔特
时尚缪斯，上流人士

荷西·马利亚·塞尔特
艺术家

俄国大公德米特里
俄国贵族

保罗·莫朗
作家

让·科克托
艺术家

皮埃尔·勒韦迪
诗人

柯莱特
作家

休·格罗夫纳
第二代威斯敏斯特公爵

顿·丘吉尔
国政治家

● 情人

● 受助人

● 亲人

● 资助人

● 朋友

世界

47

远赴好莱坞

洛杉矶

香奈儿抵达洛杉矶中央车站，在那里，她与葛丽泰·嘉宝（Greta Garbo）会面。随后她参加了在戈德温别墅为她举行的欢迎会，那里众星云集。据说，埃里克·冯·施特罗海姆（Erich von Stroheim）向她行吻手礼时，问道："听说，您是一位裁缝？"

纽约

3月4日，香奈儿抵达纽约。她在皮埃尔酒店与"流感病毒"共度了两周。然而，流感也没能阻止她与众多媒体记者的会面。采访中，香奈儿告知记者们，她不会在此次造访好莱坞期间设计服装："我可没带我的剪刀过来。"

离开

在洛杉矶逗留两周以后，香奈儿结束旅程，回到巴黎。

2950 英里
（4748 千米）

从纽约到洛杉矶，四天的路程中，香奈儿受到同时代好莱坞巨星般的礼遇——豪华列车中，特意为她装饰出一节纯白色的车厢。

香奈儿并非首位应邀前往好莱坞的法国设计师，但她可能是陷入最大合同纠纷的设计师。早前，艾尔特和保罗·埃里布为她签订好莱坞合作协议。艾尔特，在 1925 年与路易斯·B. 梅耶共事，可是后来与丽莲·吉许在戏服事情上闹翻，于是不到一年便撕毁了合约，怒气冲冲地返回法国；而保罗·埃里布，香奈儿的情人，虽然曾与塞西尔·B. 戴米尔在电影《十诫》（*The Ten Commandments*）中共事，但最终却因艺术理念的差异而分道扬镳。

经济大萧条使得美国东西海岸的人们意志消沉、萎靡不振。富豪塞缪尔·戈德温认为，或许用法式的精致来装扮他旗下的巨星，会是新鲜刺激、吸引眼球的策略。当他初次接触香奈儿时，香奈儿并不为之所动：她直截了当地拒绝了戈得温的邀约。可是后来，戈德温开出的合约条件实在太过诱人——只需每年造访好莱坞两次，为其旗下头牌女明星们设计电影服饰以及私服，酬劳便高达每年 100 万美元。最终，香奈儿接受了邀请。然而遗憾的是，她极简主义风格的设计并未在电影银幕上得到最佳的诠释，因此，她与米高梅（MGM）公司的合作并不算是特别成功。

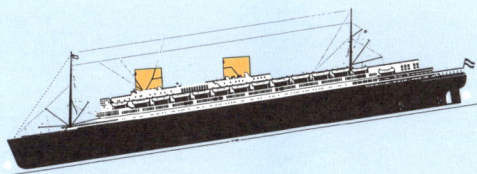

汉堡

1931 年 2 月底，香奈儿在米西亚·塞尔特和莫里斯·萨克斯的陪同下，登上欧罗巴号远洋邮轮（SS Europe）从汉堡出发，前往纽约。

为谋生而唱歌

不算低俗，也称不上高雅。各式的音乐咖啡馆在 19 世纪和 20 世纪之交的法国中等城市随处可见，为顾客们提供各式娱乐节目，表演者从严肃专业的艺术家到跃跃欲试的业余歌手。香奈儿最初的目标是成为一名歌星。她在穆兰打工时，便身兼销售员和裁缝两职，同时也在此迈出唱歌的第一步。稍后些日子，她又去往温泉小镇薇姿（Vichy）演唱。然而歌手梦可能算是香奈儿一生中为数不多的失败经历。

香奈儿就像是"快干胶水"（字面上理解为"舔信封的人"，用来形容一场节目表演的开场者或热身者）。她为人所知的只有两首歌……

公鸡喔喔叫
（KO KO RI KO）

谁见了可可？
（QUE QU'A VU COCO）

这首歌曲讲述一位女孩在巴黎特罗卡德罗（the Trocadéro）丢失了自己的小狗可可，歌手演唱时需要搭配手势并且和听众一唱一和。

两首歌一结合，人们很自然地就为香奈儿取了个昵称"可可"（然而她自己声称这是她父亲为她起的小名）。她的声线对于公共场合的演唱来说不够有力；她的体型也不太符合那个年代所崇尚的丰满婀娜。在穆兰的成功是相当有限的，而在薇姿她更是体验到了失败。1906年，香奈儿终于决定搬去艾提安·巴勒松的皇家领地。

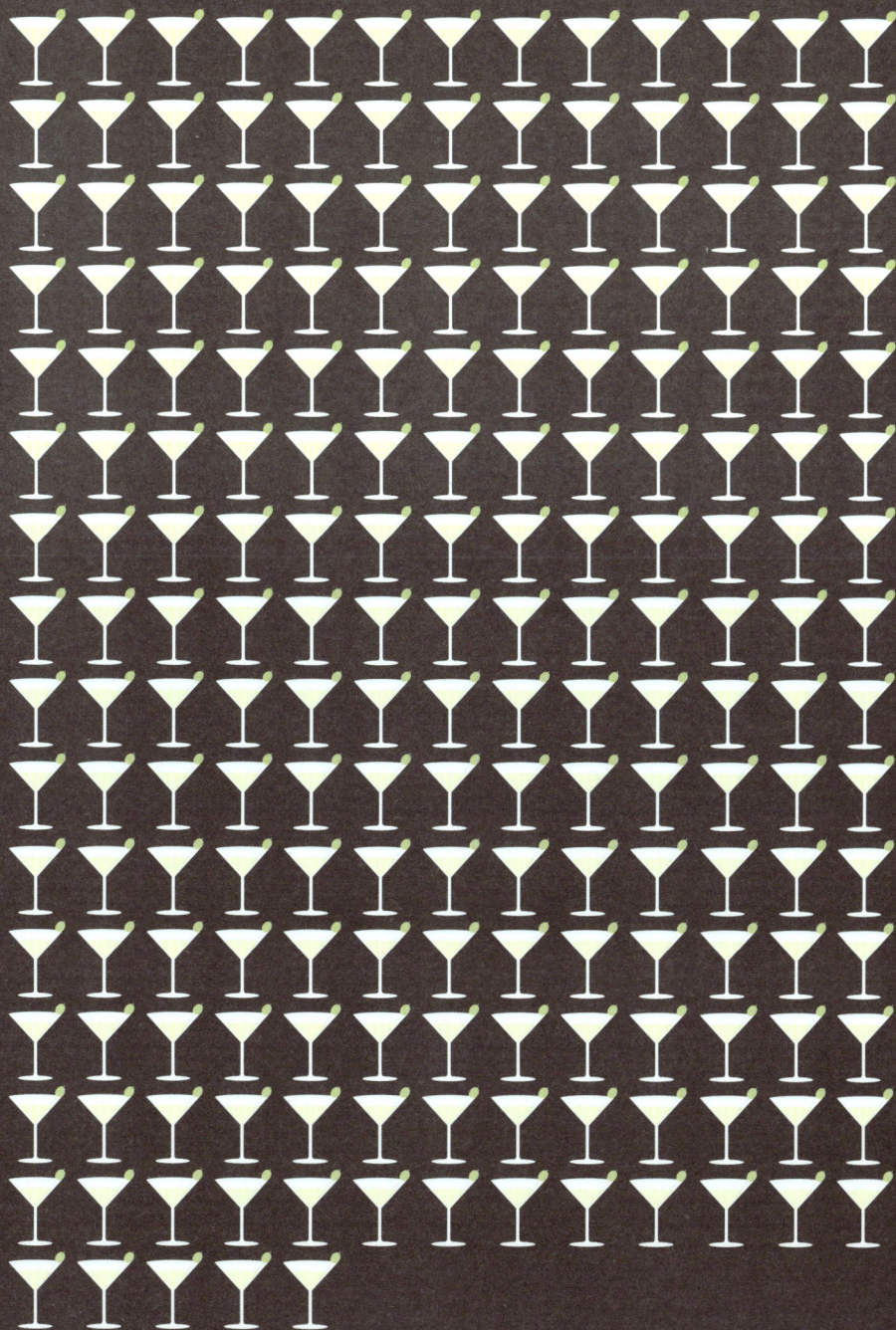

1894 年至 1914 年，巴黎的音乐咖啡馆每年平均维持在 200 家左右。

香奈儿标志

早在品牌成为大型媒体和广告公司的主流业务之前，香奈儿就对其具有天生的独特敏感性。双 C 字母背靠背交叉的图案简洁大方，寓意可可·香奈儿的缩写。这个商标至今仍是世界上最为人们所熟知的标志之一。1921 年，单 C 商标首次出现在香奈儿香水的瓶身；1925 年，家喻户晓的双 C 交织图案最终成型。据说，这一图案由香奈儿本人亲手绘制。从此，双 C 的标志便沿用至今。

坊间八卦

关于双 C 的图案，坊间一直流传着这样的传闻——英国西敏市街道的路灯上有烫金双 C 图案，这是西敏公爵对可可·香奈儿浓浓爱意的表达。可遗憾的是，这个传说似乎不太靠谱。路灯上的双 C 其实并不是可可·香奈儿的缩写，而是代表郡议会（County Council）。

灵感来源

传说，在绘制第一个 Logo 时，香奈儿回忆起奥巴辛修道院的铅窗上那些相互交缠的复杂图形。

可可·香奈儿

03
工作

"一件黑色套头毛衫、10 串珍珠项链，她革命性地改变了时尚界。"

——克里斯汀·迪奥（Christian Dior）评价香奈儿带来的影响时如是说

加布里埃·香奈儿

据说，香奈儿提到伊尔莎·夏帕瑞莉（Elsa Schiaparelli）时，总把她叫作"那个做衣服的意大利人"，可这个挑战到香奈儿时装革新者权威的女人，其实是时装界真正的艺术中坚力量。刚刚登上时尚舞台一两年，伊尔莎·夏帕瑞莉便受到和香奈儿当年一样的关注与追捧。

夏帕瑞莉凭借自己无可挑剔的贵族背景，取笑香奈儿是"那个令人生厌的小资女人"，并毫不犹豫地挖走她最尊贵的顾客。虽然两人的首场服装发布会仅仅相隔8年（香奈儿，1921年；夏帕瑞莉，1929年），但她们各自的创作风格大不相同。

对比调色板

香奈儿的用色主要以细腻实用为重点，而夏帕瑞莉与之形成强烈对比。她的用色浓烈独特，甚至还自创出"令人震惊"的粉色。

黑色
海军蓝
白色
米黄色
红色
粉色
淡紫色

伊尔莎·夏帕瑞莉

"令人震惊"的粉色

深红色

紫色

金黄色

海蓝色

深绿色

黑色

十年差距

第一次世界大战爆发前的几年里，香奈儿的设计废除了华而不实的繁复杂乱，创造出优雅实用的全新时尚。可仅仅十年之后，深受超现实主义影响的伊尔莎·夏帕瑞莉，便用夸张大胆的设计——达利风格的龙虾裙（lobster dress）、鞋形帽（shoe-hat）、"疯帽子"（the mad cap）扭转了时尚风向。似乎一瞬间，香奈儿的简洁优雅风突然变得有些枯燥无味了。

从香奈儿到夏帕瑞莉

在众多从香奈儿移情夏帕瑞莉的顾客中，黛西·法罗（Daisy Fellowes，也叫作雷金纳德夫人）和南希·库纳特（Nancy Cunard）可算得上代表人物。两人都是当时家喻户晓的名媛，也是同为走在时尚最前沿的潮流代表。

标签
817 版

或许这并不能算作香奈儿最令人激动的设计，但如果要定义她早期的设计风格，没有什么比"817 版"更合适的了。这是一件被大家称为"小黑裙"的服装。1926 年，美国《Vogue》杂志 10 月号从当季香奈儿服饰系列中选择了一张香奈儿设计的小黑裙手稿发表。杂志以"香奈儿牌福特：全世界女人都会穿的裙子"为标题。这款设计采用纯黑色，不免让人想起亨利·福特（Henry Ford）那句经典："只要有了黑色，你便拥有了其他任何颜色。"

配饰

一顶凸顶钟形帽、一串珍珠项链，配上手腕和耳垂的珍珠饰品足矣。

细节

上身部分，无数细小褶皱连成直立的 V 形，展现出《Vogue》杂志评论的优雅时髦风。而下身配以倒置的 V 形裙摆形成呼应。低腰设计的两侧，搭配更紧密一些的褶皱装饰，使得臀部线条更加婀娜。

"假小子"造型

以维克多·玛格丽特（Victor Margueritte）1922 年出版的小说《女男孩》（*La Garçonne*）命名的"假小子"造型迅速风靡起来。这款造型代表着 20 世纪 20 年代的独特潮流，更是香奈儿时装设计风格的缩影。"假小子"造型似乎是为"纸片人"身材所打造：纤瘦、平胸、大长腿。一时间，报纸杂志上满是如何速效瘦身的攻略——有些甚至直接以露骨的标题吸引眼球："为什么胖子就是没法体验新时尚？"

面料

双绉面料（Crêpe de chine），既有香奈儿最爱的垂顺感，同时又比她用于其他日常休闲类服饰的针织面料更加奢华高级。

裁剪

船形领口，稍稍宽松的上半身在臀部处收紧，贴身剪裁的袖子，配以直身及膝裙。

财富之水

这是世界上最著名的一款香水。人人都知道，这就是玛丽莲·梦露（Marilyn Monroe）口中所说的"我只穿它入睡"的香水。其实，关于香奈儿5号最有意思的故事，或许是关于资金方面的。这款香水上市三年后，香奈儿希望能拓展出比巴黎专卖店更广的销售渠道。于是，她将生产及销售权出售给了香水制造商保罗和皮埃尔·沃特海默兄弟（Paul and Pierre Wertheimer）。他们非常出色地制造完成了生产和销售的工作——这款香水的销售之出色、获利之丰厚，让香奈儿抓狂。尽管她的收入颇丰，但所占份额其实非常小。因此，在此后的20年间，香奈儿一直试图夺回这款香水的生产销售权。

数字

5

据说是欧内斯特·鲍（Ernest Beaux），一位香水研发师，建议香奈儿采用数字为其香水命名。香奈儿选用了5号，这也是她的幸运数字之一。

年份

1921

配方

20世纪初的大部分香水都是单纯的花香型。5号香水延续茉莉花香风尚，但同时配以麝香作为深层基调，加入很高比重的乙醛进行融合，从而赋予它不同寻常的全新香气。

CH

香奈儿香水

老佛爷百货公司（Galeries Lafayette）创始人贝德（Théophile Bader）作为经纪中介，为香奈儿与沃特海默兄弟的合作穿针引线。公司的股权分配如右图所示：

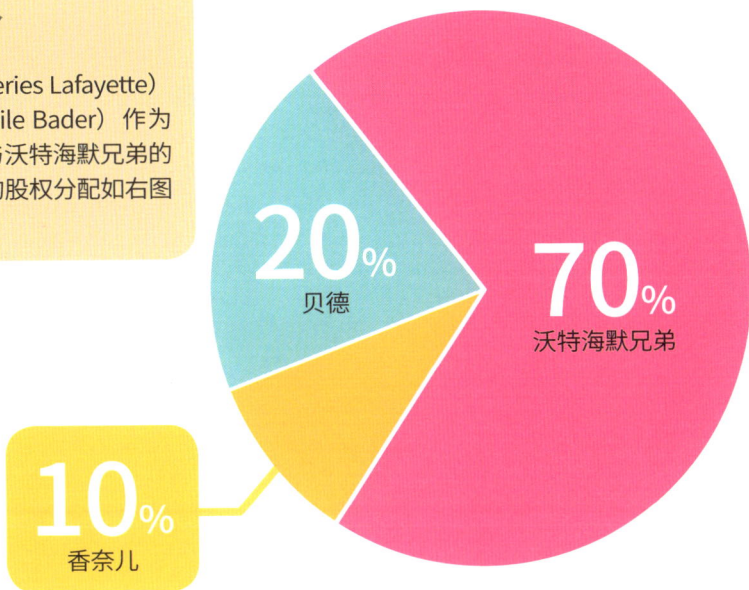

20%
贝德

70%
沃特海默兄弟

10%
香奈儿

EL

战争之外

香奈儿在第二次世界大战期间的口碑似乎并不太好。当犹太人沃特海默兄弟在德军抵达之前逃离巴黎时，她竟写信给纳粹占领者，状告犹太人无权拥有自己的商业。因此，香奈儿香水公司所有权应全部由她收回。然而，她的如意算盘落了空——聪明的沃特海默兄弟将他们持有的股份转让给了费利克斯·阿米奥（Félix Amiot），一位法国籍企业家，从而避免了其资产被掠夺。战后，这位法国企业家便将股份如数归还给沃特海默兄弟。

值得注意的是，战后皮埃尔·沃特海默最终买下了贝德和香奈儿的股份。作为回报，他帮香奈儿付了税单，并为她余生的时装屋提供了资金。

标签
人造珠宝

香奈儿很爱用大量的珠宝进行搭配。她的情人们，尤其是西敏公爵，赠送了她价值连城的珠宝首饰。巨大的祖母绿宝石镶嵌在璀璨夺目的钻石上，成串的硕大珍珠都成为她风格的象征。通常，香奈儿喜欢把它们与人造珠宝混合，将这些石头不断地进行搭配和重组，以获得全新的效果。同时，她打破传统，将叠搭的成串手镯和硕大项链与简洁套装相搭配，甚至还戴着这些首饰去海滩度假。

1924
香奈儿的第一家珠宝首饰店开业，并委任埃蒂安·德·博蒙伯爵（Comte Étienne de Beaumont）进行管理。同时，她邀请梅森·格里普瓦（Maison Gripoix），著名珠宝生产商，为其供应部分产品。

1926
香奈儿佩戴一款珍珠耳环，一只黑、一只白，从而引领了不对称耳环的时尚潮流。

市场认知

虽然香奈儿也制造一些"高级"珠宝，但人们最熟知的还是她为搭配简洁套装而设计的人造珠宝。1921—1938 年生产的那些香奈儿珠宝，既没有生产标记，又所存甚少且难以辨认。在她重返时尚界后，1954—1971 年的香奈儿服装首饰上，要么印有简单的"Chanel"字样，要么悬挂薄薄的金属吊牌用以识别。高级定制服装，有时会在其名字下面印上一排三颗星作为标记。

★ ★ ★

佛杜拉珐琅袖口

西西里公爵佛杜拉（Fulco di Verdura）曾是香奈儿最长期的珠宝生产伙伴。这款厚重的搪瓷袖扣便是他 20 世纪 30 年代的代表作品。

石头

平坦的金属切片被固定在白底的袖口上，而那些主要采用弧面切割工艺的石头，就镶嵌其上。石头形状大小各异。通常，一小块金属切片上就有石榴石、黄水晶、紫水晶、托帕石和海蓝宝等各种彩色宝石。

样式

袖口的平面基底之上，镶嵌着八角的马耳他十字造型金属切片。

搭扣

袖口通常采用侧开搭扣设计。

背底设计

"烤制的"玻璃珐琅材质，通常为白色、象牙白和黑色。

环球取材

香奈儿一生都在从亲友挚爱那里获取灵感。在皇家领地庄园居住时，香奈儿没有一味模仿打扮时髦的富家小姐，而是效仿男士的着装风格。她从日常的功能性服装吸取灵感，设计出实用主义服饰；从骑马习惯中得到启发，设计出保暖毛衫，并且，这些设计都引领了当时的风格。受到坎佩尔泳衣和内衣面料的时髦感的启发，她将柔软的针织面料广泛运用于水手衫、夹克和裙装。后来在与德米特里大公的交往中，她将哥萨克风格的刺绣和装饰细节融入自己的设计中（更不要说新款香水"俄罗斯皮革"了）。20 世纪 20 年代，她与西敏公爵整日狩猎、垂钓，同时也使费尔岛针织粗花呢成为她众多面料中的核心一员。

苏格兰：粗花呢面料

在与西敏公爵恋爱期间，香奈儿开始穿着粗花呢面料的时装。由于其兼具保暖性与实用性，香奈儿很快将它广泛运用于夹克和外套中。

香奈儿岛：针织面料

针织面料，为纪念其起源地香奈儿岛而得名。这款面料松软且富于弹性，廉价又易生产，在贫困窘迫的第一次世界大战时期，成为人们经济时髦的不二选择。

舍特兰岛：
费尔岛杂色针织面料

起源于费尔岛（舍特兰群岛之一）传统的高度图案化的针织毛衫，最初是由渔夫们的妻子编织而成的。嵌花针织的工艺与符号化的图案高度结合，每款都因针织者不同而各具特色。在20世纪早期，费尔岛针织衫就在英国的上流社会中作为乡村风格服饰流行开来，而爱德华王子之后的威尔士亲王（Prince of Wales），更是将这款服装带进了高尔夫运动。

俄罗斯：RUBAKHA

侧身系带的收腰衬衣和上衣（像俄罗斯rubakha），20世纪20年代早期的连衫裙以及极富民俗风情的刺绣装饰都与俄罗斯传统风格相呼应。香奈儿聘请德米特里大公的姐姐，女公爵玛丽亚·帕夫洛夫娜（Duchess Maria Pavlovna）所开设的基特米尔刺绣工坊（Kitmir），为其提供刺绣和串珠配饰的生产服务。

法国：布雷顿水手衫

在法国多维尔期间，香奈儿将传统的布雷顿水手衫（Breton Matelot）作为日常的沙滩穿着。这种条纹样式的针织衫是水手们的日常穿着，因此最初被用来当作女士服饰时，人们惊恐万分。但如今，条纹水手衫已经成为永恒经典的时尚主题。

标签：
2.55
链条包

这款包包的名字来源于其发布的年份和月份——1955 年 2 月。如今，2.55 链条包看起来仍然精致、经典。然而，在 20 世纪 50 年代中期，这是一款极具突破性的女包设计：比通常的包更轻巧，配以非同寻常的链条长度，这款包可以斜挎（这样便解放出使用者的双手）。表面搭配密集的绗缝纹理，给予材质额外的体积感和结构性。

材质

第一款 2.55 链条包是黑色小羊皮或者织布面料材质，而香奈儿自己用的则是灰色羊毛款。如今，变幻丰富的色彩和面料不断推陈出新，但最常见的还是黑色皮革面料，人们总能一眼认出它来。

绗缝纹理

不论是皮革材质还是布艺材质，2.55 链条包都用钻石形纹理加以装饰。这种菱格纹路，为包包带来绗缝效果。绗缝非常紧实密集，每英寸大约缝 10 针。

结构

包包采用双层翻盖设计。外层翻盖用来关合包包，内层翻盖可以闭合夹层。

价格

上市之初，2.55 链条包售价约为

220

美元。目前的新款价格超过 6 000 美元（约 4 500 英镑）

包带

长长的链条包带（最初的设计是长长的平链）与20世纪50年代的大多数短提手形成鲜明对比，为女性的日常活动提供更大的自由度。

锁扣

原创款的"小姐锁"久负盛名。长方形的锁扣设计，加以旋钮装置进行关合锁定。现代复刻版则用双C形状的锁扣取而代之。

《安提戈涅》
（*ANTIGONE*, 1922 年 12 月）

在法国蒙马特（Montmartre）
拉蒂尔剧院（the Théatre
de L'atelier）首映

- 剧本改编：让·科克托
- 布景设计：毕加索
- 服装设计：香奈儿

戏服采用厚重的羊毛织物，上面装饰着一条条来自希腊花瓶的几何图案。从照片上看起来，这些服装让人过目难忘。但香奈儿天生不是一个温和好相处的团队成员。在一次彩排中，由于某个建议被忽视，香奈儿发怒了，她扯住安提戈涅长袍的羊毛线头，开始拆衣服。在第一场公演前，长袍还无法修复好，香奈儿不得不临时设计另外一件代替。

舞台服饰

香奈儿不仅是一位时尚革命者，还是一位热情的出资人。时尚界和艺术界有很多方面交互重叠，并且一同成就了当时众多伟大的名字。而香奈儿，毫无疑问地成为其中之一。她不可避免地亲自参与了一些项目，随着财富的增长，香奈儿开始为朋友们提供经济的支持和帮助。

《蓝色列车》
(*LE TRAIN BLEU*，1924 年 6 月)

在巴黎香榭丽舍剧院（THE THÉÂTRE DES CHAMPS-ÉLYSÉES）首演

- 剧本：让·科克托
- 音乐：达律斯·米约（Darius Milhaud）
- 节目单及幕布设计：毕加索
- 服装设计：香奈儿

《蓝色列车》更加显现了香奈儿的服装风格：演员们身着运动服饰，大部分都采用她已有的海滩风格服饰的设计灵感—简洁的条纹针织面料，但选用比平常更为鲜亮的色彩。

标签：
开襟套装

是什么让 71 岁高龄的可可·香奈儿在 1953 年决定重返时尚舞台？答案众说纷纭，其中之一便是，紧身衣女装在迪奥的新造型中又死灰复燃了。香奈儿认为，30 年前她就将女性从这种桎梏的服装中解放了出来。而最接近真相的答案或许是，她认为自己必须重新崛起。香水的销量一直在下滑，皮埃尔·沃特海默到瑞士洛桑拜访香奈儿后不久，她便宣布复出。1954 年，香奈儿推出了这款经典套装。

配饰

开襟套装常常配以：

· 水手帽，海军蓝和白色缎带装饰
· 珍珠项链，比如 20 世纪 20 年代以来香奈儿常常佩戴的那款
· 双色露跟高跟鞋

细节设计

上衣边缘用细链条包边，从而确保衣服能被垂顺自如地悬挂。

多种材质混合搭配，通常用对比色彩实现设计。

真扣眼，每一个都可以单独系扣。

份量足够的纽扣，雕刻着对香奈儿有特殊意义的设计：成捆的麦穗、狮子头、经典的双 C 交叉图案等，都被广泛运用。

裁剪

直身短外套，方正剪裁。通常搭配两个或者四个口袋，贴身长袖。

直身素色裙子，长度到膝盖上方。

灵活度

香奈儿用芭蕾舞的伸展动作来测试这款设计，确保顾客穿着时行动的轻松自如。

面料

尽管平绒羊毛和针织款也时常出现，但更多采用的是纯羊毛，常配以粗花呢纹样，有时则是用非常粗大的纹理编织。

粗花呢中被使用得最多的，是从英格兰北部的卡莱尔（Carlisle）进口的林顿粗花呢。同时，香奈儿也常常从法国的工坊订制编织款羊毛；还有一些面料则来自巴黎梅森·莱萨基（Maison Lesage）刺绣工坊，这家工坊至今仍属于香奈儿公司旗下产业。

卡莱尔

巴黎

制造自己的幸运

时尚是有迷信色彩的行业。让那些充满魔力的幸运物围绕四周以避免厄运，香奈儿绝不是设计师里唯一这样做的人。她位于康朋街的公寓仍然保留着她生前的样子，依然反映出她相信只要采取正确的方式，不幸是可以避免的。这种信仰被一直延续到她的缝纫工坊，在那里，各种传统的迷信仍然存在。

幸运数字　**5**　**2**

在她的公寓里：

三足金蟾

铜质的三足金蟾被放置于桌上——张开的嘴里衔着一枚硬币，寓意吸引好运。

门

所有的门都被香奈儿隐藏在她喜欢的乌木质地的漆面屏风后面——如果你把门隐藏起来，你就永远不会孤独。

麦穗

象征着财富和兴旺。

塔罗牌

香奈儿经常用塔罗牌来预测未来。

水晶

她相信水晶能给人带来好运。

狮子雕塑

公寓四周有无数的狮子雕塑，加强了她黄道十二宫狮子座的力量。

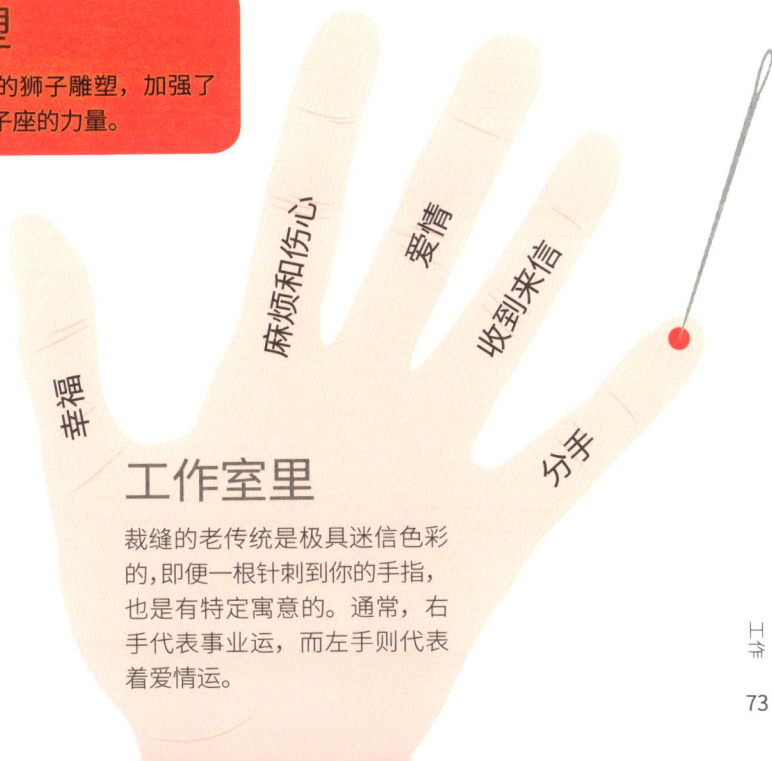

幸福

麻烦和伤心

爱情

收到来信

分手

工作室里

裁缝的老传统是极具迷信色彩的，即便一根针刺到你的手指，也是有特定寓意的。通常，右手代表事业运，而左手则代表着爱情运。

信手
剪来

作为一名设计师，香奈儿不会画画，这确实有点非同寻常。所以她不是手绘自己的设计，而是将自己所想描述给信任的助手。当工作室准备好布料，她会将它用别针别在模特身上，然后开始剪裁，直到达到满意的效果为止。我们从很多照片里都能看到她手持剪刀、脖挂卷尺的样子。

400 件

香奈儿一年两次的时装秀场上，会展出 400 件时装。也就是说，她每年要用这种工作方式设计出 800 件时装。

8 小时

香奈儿对每一件衣服都呕心沥血，直到自己满意为止。有时，为了完成袖孔的最佳剪裁，或者让以贴身衣袖著称的外套实至名归，模特们不得不持续站立超过 8 个小时。

04
遗产

声名造就传奇。

——可可·香奈儿，1935 年

利兹酒店套房

白天，香奈儿在她位于康朋街 31 号"店铺楼上"的公寓里会客工作，但一到夜晚，她便穿过马路，从后门进入利兹酒店 2 楼的三居室公寓睡觉。34 年来，这便是她在巴黎从家到家的生活方式。第二次世界大战期间，尽管德军入侵，她的房间曾一度被降格为单间，她也不曾离开。甚至，她的永别也在这里。

34 年

香奈儿在巴黎利兹酒店居住长达 34 年。

利兹酒店

康朋街 31 号

康朋街

100 米

从康朋街 31 号到利兹酒店后门的距离。

利兹到底有多贵？

利兹酒店因翻新整修于 2012 年暂时关闭。2016 年 6 月重新开门营业时，香奈儿的套房被完美地修复了——装修风格、家具陈设、装饰物品都跟她居住时一模一样。如今，参观者们如果想要在香奈儿的套房里享受一晚，需要支付 18 000 欧元。

从前窗望出去，可以将旺多姆广场景色一览无余。

房间号

香奈儿金句

香奈儿一生金句无数，即便是名言高产的夏帕瑞莉也望尘莫及。在她离世四十年后，各大时尚杂志仍然大量刊登她的金句。不过，要考证这些话当中，有哪些是真正出自其口，却是巨大的挑战。由于香奈儿没有自传，而道听途说的轶事又数不胜数。因此，要分辨哪些出自香奈儿亲口所述真的是难上加难。

金句读一读

"与我坚守十年，你得有何等的才华和手段。"

谈到她和西敏公爵的关系时

"我害怕孤独，可我生活在无尽的寂寞中。"

"我成功的秘诀……就是不能被教导的成功。"

当保罗·莫朗打算为香奈儿写本回忆录时，收集到这三个句子。此书后来得以出版发行，书名叫作《至魅香奈儿》（*Allure of Chanel*）。书中，香奈儿编撰了很多美妙梦幻的情节，引人入胜但丝毫不真实，导致此书的发行并不成功。

香奈儿：我可没说过

尽管香奈儿一再否认某些话出自她口，但人们仍然以她的名义四处传播。1931年的《纽约客》杂志，专栏作者珍妮特·弗兰纳如是写道：

"正如香奈儿所言，关于拒绝西敏公爵的求婚：'世上有太多的公爵夫人，可香奈儿却只有一个。'"

老年时，香奈儿曾提到，要是她当初真的说过如此俗不可耐的话，西敏公爵一定会笑话她。

至魅
香奈儿

记录香奈儿

尽管香奈儿的故事精彩迷人，但似乎并不适合舞台或者银幕。从凯瑟琳·赫本的原创音乐剧《香奈儿》，到某些传记类电影里的灰姑娘变公主的老套故事，尽管每部作品中的戏服都精美绝伦，但似乎没有哪位演员，也没有哪个剧本，能够原汁原味地再现香奈儿真实的生活。不过单单从时尚的角度来看，系列纪录片《香奈儿印记》——讲述当代香奈儿（拉格斐 Lagerfeld）时装设计以及台前幕后的片段花絮，似乎是迄今为止的最佳作品。

1981

《香奈儿的一生》（*Chanel Solitaire*）

·导演：乔治·卡克森德

讲述香奈儿与艾提安·巴勒松以及后来与坎佩尔（由提摩西·通尔顿担纲出演也着实出人意料）之间的香艳往事，领衔主演的是玛丽·弗朗丝·皮西尔（Marie-France Pisier）。

1960　1970　1980

1969

《可可》（*Coco*）

·编剧：艾伦·杰伊·勒纳
·配乐：安德烈·普列文
·服装：塞西尔·比顿
·主演：凯瑟琳·赫本

这部舞台音乐剧以香奈儿 20 世纪 50 年代重返时尚界的经历作为故事题材，讲述香奈儿当年回归初期的步履维艰。主演凯瑟琳·赫本与本剧服装师比顿闹出纠纷，拒绝穿着由他设计的戏服。而当时人们认为赫本对角色的怪异诠释并不能代表香奈儿。然而，该剧却获得相当的成功，演出超过 329 场。

2005

《香奈儿印记》（*Signé Chanel*）

·导演：洛克·普里格
法、英文字幕

这是一部聚焦商业传奇而非设计师的五集迷你连续剧。本剧对卡尔·拉格斐（Karl Lagerfeld）2004—2005 秋冬季服装系列进行深度的解析。结合许多幕后花絮，本剧对当代时装创作进行了洞悉和探究。

2008

《可可·香奈儿》
(*Coco Chanel*)

· 导演：克里斯汀·迪盖

这是一部电视电影，其中老年香奈儿由雪莉·麦克雷恩（Shirley MacLaine）担纲主演。本片对香奈儿从默默无闻到熠熠生辉的浪漫历程进行了回顾，同时又回避了对其第二次世界大战期间行为的尴尬描述。

可可·香奈儿

2009

《可可·香奈儿和伊戈尔·斯特拉文斯基》
(*Coco Chanel & Igor Stravinsky*)

· 导演：扬·寇南

本剧由香奈儿集团赞助，讲述了香奈儿与菲德洛维奇之间众说纷纭的绯闻逸事，以及这段微妙关系对双方创作灵感的激发。麦德斯·米科尔森（Mads Mikkelsen）在其中扮演的斯特拉文斯基出人意料地出色，以至于在后来拍摄的《春之祭》中再次获得主演的机会。

1990 2000 2010

2009

《香奈儿之前的可可》
(*Coco before Chanel*)

· 导演：安妮·芳婷

这部法国拍摄的电影取材于香奈儿与巴勒松在皇家领地庄园期间的故事。主演奥黛丽·塔图（Audrey Tautou）是认可度颇高的香奈儿扮演者。

2015

《曾经·永远》
(*Once and Forever*)

· 导演：卡尔·拉格斐

由克里斯汀·斯图尔特扮演青年香奈儿，杰拉丁·卓别林饰演老年香奈儿。这部短片记录了香奈儿在事业生涯的不同时期对时尚的精致展现。

香奈儿的关键词

佛杜拉

奥巴辛

山茶花

白

宽松内衣风尚

比亚里兹

皇家领地

巴黎利兹酒店

可可

伊戈尔·斯特拉文斯基

索米尔

黑

好莱坞

"鲍依"·坎佩尔

艾提安·巴勒松

俄罗斯巴蕾舞团

让·科克托

间谍

米西亚·塞尔特

遗弃

三文鱼垂钓

本德

人造珠宝

谢尔盖·狄亚基列夫

裁缝

辛

巴

乌木屏风

尔

多 维

珍珠

女资助丫

丫

5号 香 水

三格苏 商

帽 女

穗 蓝色列车帽 德米特里大公 水手帽 保罗·埃里布 La Pausa别

夏帕瑞莉

巴 黎

香奈儿

小黑裙

2.55

保罗·波列
音乐咖啡馆
洛奈

戏服设计

幸运

针织衫

粗花呢套装

康朋街

男孩造型

迷信
幻想与白日梦

哥萨克刺绣

遗产

85

香奈儿之后的"香奈儿"

香奈儿小姐已逝，但其集团在众多曾与香奈儿并肩作战的设计师的引领下继续前行，其中包括加斯顿·贝特洛（Aston Berthelot）、伊冯娜·杜德尔（Yvonne Dudel）。1983年卡尔·拉格斐加入，在他的带领之下，香奈儿集团有了独特而成功的方向，并延续辉煌至今，平稳走过30多年。今天，香奈儿一手建立的公司，已经成为巨大的商业帝国，最终成长为全球知名品牌。而这一切，都源自她出众的品位和质量。

1974

香奈儿去世后公司发布的第一款香水——水晶恋。这款香水名字来自香奈儿众多珠宝饰品中用过的水晶。

1978

香奈儿集团发布第一季高级成衣系列。

"我必须把香奈儿从过去的样子变成它应该成为的样子，它可能成为的样子；从过去的样子变成别的样子。"

——卡尔·拉格斐，2011年

2008

建筑师扎哈·哈迪德（Zaha Hadid）受香奈儿作品启发而获得灵感，设计出流动艺术展览馆。

2007

俄罗斯普希金国家美术博物馆（The Pushkin State Museum of Fine Arts）举办大型展览，介绍香奈儿历史及其设计作品。

2005

纽约大都会艺术博物馆（The Metropolitan Museum of Art）举办展览，致敬香奈儿集团及其辉煌历史。

1983

德国设计师卡尔·拉格斐出任艺术总监，执掌香奈儿帝国。这位曾经为芬迪（Fendi）和克洛伊（Chloé）效力的设计师，开始全面负责香奈儿时装、高级女装成衣和配饰系列。

1984

贾克·波巨（Jacques Polge）于 1981 年出任香奈儿首席调香师。1984 年推出了其上任后的第一款香水"可可"。

1987

公司首次推出品牌手表系列。第一季的设计灵感来自旺多姆广场的八角形状。

1993

香奈儿集团推出高级珠宝系列。

2002

香奈儿集团收购八家专业的巴黎艺术工作室、高级手工坊，从而维系和保持品牌时装一直赖以生存的专业技能和手工匠心。

1996

魅力（Allure），一款全新的东方香氛发布上市，便立即成为香奈儿新的经典代表之作，备受媒体推崇。

走向全球

对于以制帽起家的生意来说，香奈儿品牌已经走得很远。到 2017 年，其品牌价值估计达到 73 亿美元。香奈儿集团曾声称，计划将成衣系列进行网上销售。尽管这一飞跃尚未完全实现，但目前，香奈儿品牌与另外两个表现卓越的奢侈品品牌爱马仕（Hermès）和赛琳（Céline），共同占据实体销售的前三甲地位。如果你想购买这几个品牌的时装，你必须去实体店。但除服装之外的其他产品，则可以通过在线的方式购买——正是惊人的化妆品和香水销售支撑着奢侈品品牌，也令其获利丰厚。事实上，买一套时装绝不像买一支口红那么轻松，这也有利于品牌维持其独特、高端的形象。

全球的香奈儿专卖店

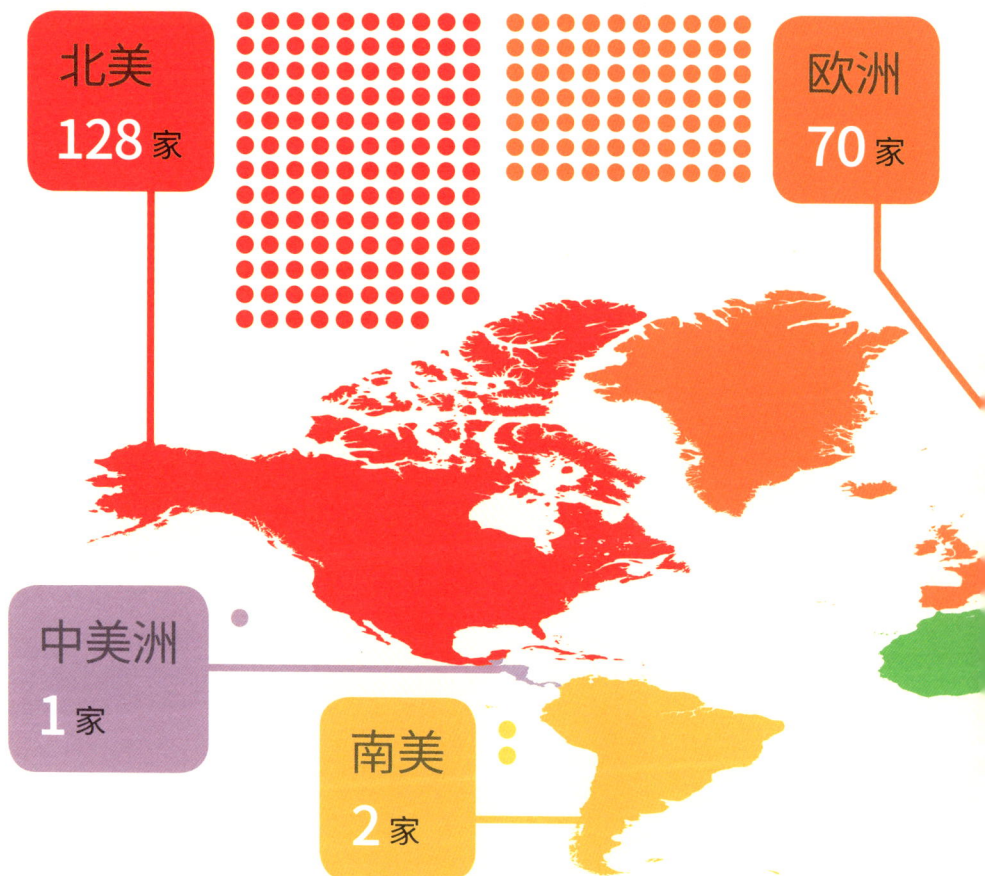

北美
128 家

欧洲
70 家

中美洲
1 家

南美
2 家

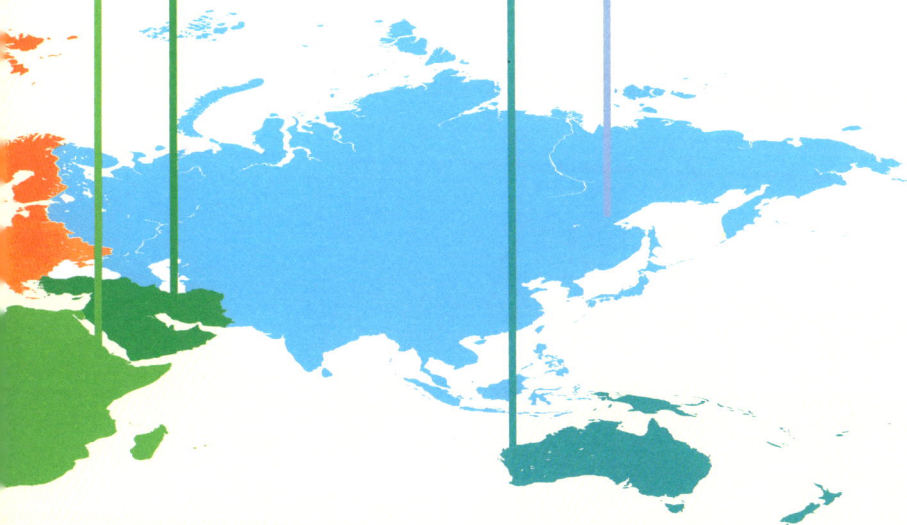

欧元、美元还是日元？

2015 年，香奈儿集团迈出非凡的一步，即将其全球售价统一。因此，不管你在北京、纽约还是巴黎，同一只手袋，同一个价格。这一商业举措明智无比，因为它能让产品在爆炸式增长的亚洲市场上变得更能被接受。

非洲
2 家

大洋洲
6 家

中东
10 家

亚洲
94 家

时装的秘密

2002 年，香奈儿集团收购了八家专业手工坊，合称为高级手工坊。实际上，它们保证了高级定制时装最奢华作品所依赖的快要绝迹的手工技艺得以延续。此后，香奈儿集团继续收购了另外三家手工坊。对传统手工技艺的保护，实际上反映出可可·香奈儿的价值观和她对时装细节的重视——这是对香奈儿终身成就最恰当的致敬。

DESRUES
纽扣坊

成立于 1929 年，从 1965 年起，一直为香奈儿提供纽扣类产品。

COOSSENS
金银饰坊

从 1953 年起，一直与香奈儿合作进行时装珠宝设计。

BARRIE KNITWEAR
羊绒坊

从 20 世纪 50 年代开始，持续为香奈儿提供顶级针织产品。

LESAGE
刺绣坊

最有讽刺意味的是，LESAGE 最为著名的，是由伊尔莎·夏帕瑞莉（香奈儿最强劲的对手）设计的先锋派刺绣。自 20 世纪 20 年代以来，LESAGE 就一直为包括香奈儿在内的众多时装品牌提供生产服务。

MONTEX
刺绣坊

成立于 1939 年，MONTEX 专注于绷圈刺绣，即，将一组组花边紧紧"钩"在舒展的面料上。如今，这种手工艺仅用于高级时装或庆典礼服。

香奈
时

GUILLET
花饰坊

成立于 1896 年的 GUILLET 是公认的最主要的花朵生产商之一，其产品从欧根纱到雪纺、蕾丝再到皮革，无所不在。

LEMARIÉ
山茶花及羽饰工坊

自从接受香奈儿订单，用布料制作了她最爱的山茶花开始，LEMARIÉ 不断制作出山茶花的各种不同造型。

MICHEL
制帽坊

成立于 1936 年，从 20 世纪 70 年代起，长期为包括香奈儿、伊夫·圣罗兰以及迪奥在内的众多时装品牌供应帽子及发饰。

LOGNON
褶皱坊

这是一种非常特殊的、在时装制作中经常需要的技能，它能让任何款式、任何面料形成完美的造型和褶皱。

CAUSSE
手套坊

高定服装的手套，也许要用到特殊材质的面料或者皮革甚至刺绣，并且用非传统或非常规的方式进行染色。CAUSSE 为时装设计师提供所想即所得的服务。

MASSARO
鞋履坊

成立于 1894 年，1957 年为香奈儿制作了第一双米色、黑色双色时装鞋。

小传

亚瑟·"鲍依"·坎佩尔
Arthur 'Boy' Capel
（1881—1919）

富有的英国商人、风流公子，也是香奈儿最为人熟知的情人。他从未对香奈儿忠贞不二，又因门当户对而娶了贵族小姐黛安娜·温德姆。但他为香奈儿的事业起步提供了资金支持，同时为她日后的发展开阔了眼界、拓展了知识。

安德烈·帕利斯
André Palasse
（1904—1981）

1910 年姐姐朱莉亚过世后，香奈儿便接手照顾她的儿子安德烈。尽管他在香奈儿一生中，从未成为公众瞩目的焦点，但两人的关系其实非常亲密：安德烈为香奈儿打理部分产业，而香奈儿也对他的两个女儿宠爱有加。

米西亚·塞尔特
Misia Sert
（1872—1950）

香奈儿最亲密的朋友。她是众多艺术家的缪斯女神，也为他们提供资金帮助。她一生三嫁，第三任丈夫是西班牙艺术家荷西·马利亚·塞尔特（José Maria Sert）。香奈儿在她晚年期间，帮助她度过疾病和毒瘾的困境。

艾提安·巴勒松
Étienne Balsan
（1878—1953）

继承家族纺织产业巨额财富，热衷于赛马运动，香奈儿的第一位情人。香奈儿曾与他一起居住在其乡村庄园——皇家领地数年，此后为了坎佩尔才离开他。但直到他 1953 年去世，两人一直保持好友关系。

皮埃尔·沃特海默
Pierre Wertheimer
（1888—1965）

法国商人。1917 年，他和弟弟保罗一起，继承了法国妙巴黎化妆品公司并于 20 世纪 20 年代早期与香奈儿合作生产香水。最终，他获得香奈儿公司的所有权，他的子孙们至今仍是香奈儿集团所有者。

休格·罗夫纳
Hugh Grosvenor
（1879—1953）

第二代西敏公爵，昵称"本德"。世人皆知的欧洲最富有的男人，香奈儿的情人。他常伴香奈儿左右，对她的事业带来潜移默化的影响。在两人交往期间，英国乡村风格就渗透进了香奈儿的时装设计理念。

伊戈尔·斯特拉文斯基
Igor Stravinsky
（1882—1971）

俄国作曲家，现代派音乐代表人物，与狄亚基列夫合作众多芭蕾舞剧：《火鸟》《彼得鲁什卡》《春之祭》。1920—1921 年，香奈儿将自己的豪宅"绿色气息"借给他居住，并为其提供帮助和资助。

皮埃尔·勒韦迪
Pierre Reverdy
（1889—1960）

法国诗人、超现实主义者，与香奈儿短暂的恋情后，两人维持一生的朋友关系。1926 年，他离开巴黎前往索莱姆，过上安逸静谧的生活。直到过世，他与香奈儿一直保持紧密联系，寄给她贴心的诗歌和其他作品。

让·科克托
Jean Cocteau
（1889—1963）

法国艺术家、作家，20 世纪早期先锋派的主要代表人物。作为密友，香奈儿时常给予他资金的帮助，甚至提供食宿。同时，为其戏剧《安提戈涅》和《俄狄浦斯王》设计戏服。

艾德丽安·香奈儿
Adrienne Chanel
（1882—1956）

香奈儿的姑姑，她或许比香奈儿的姐妹们都与之更加亲密。艾德丽安从香奈儿事业的最初起步阶段就参与其中，当模特、做裁缝、搞销售。她 1930 年结婚，成为尼克松男爵夫人。

俄国大公
德米特里·帕夫洛维奇
Grand Duke Dmitri Pavlovich
（1891—1942）

末代沙皇尼古拉斯二世的堂弟，因卷入暗杀拉斯普京案而遭受流放。德米特里与香奈儿在 20 世纪 20 年代早期有过短暂情史，因此在香奈儿那个时期的设计中有明显的俄罗斯风格印记。

保罗·埃里布
Paul Iribe
（1883—1935）

法国插画家、设计师，其作品在 20 世纪早期非常流行。20 世纪 30 年代，与香奈儿传出绯闻，并接受她的资助。在香奈儿 La Pausa 别墅里举行的一次网球比赛中，突然离世。

亲人

情人

友人

商业伙伴

香奈儿的调色盘

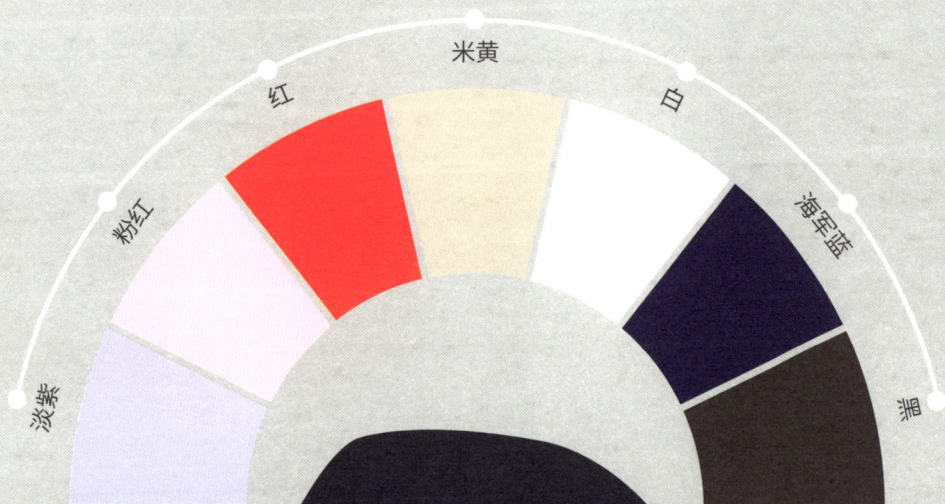

淡紫　粉红　红　米黄　白　海军蓝　黑

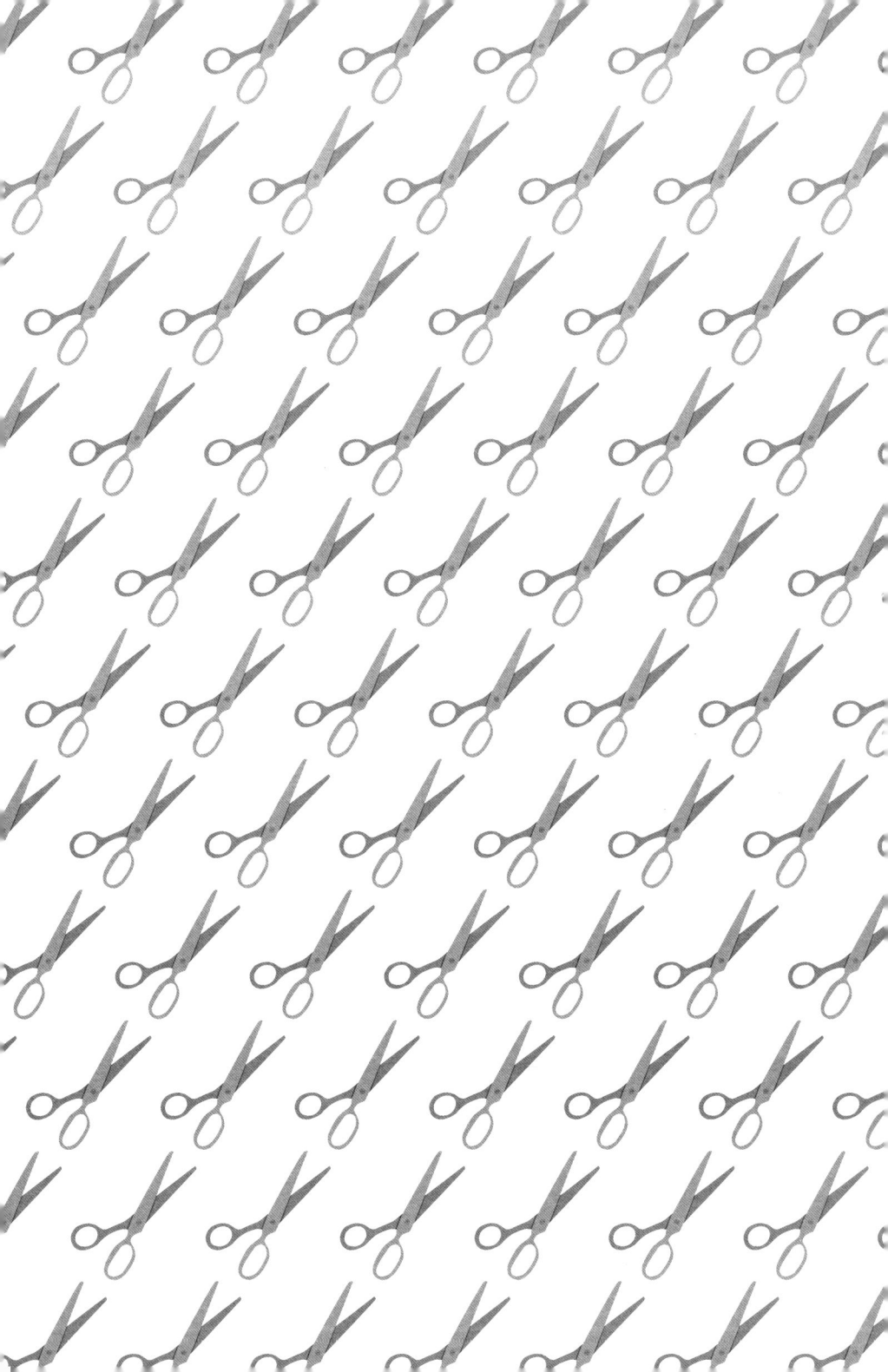

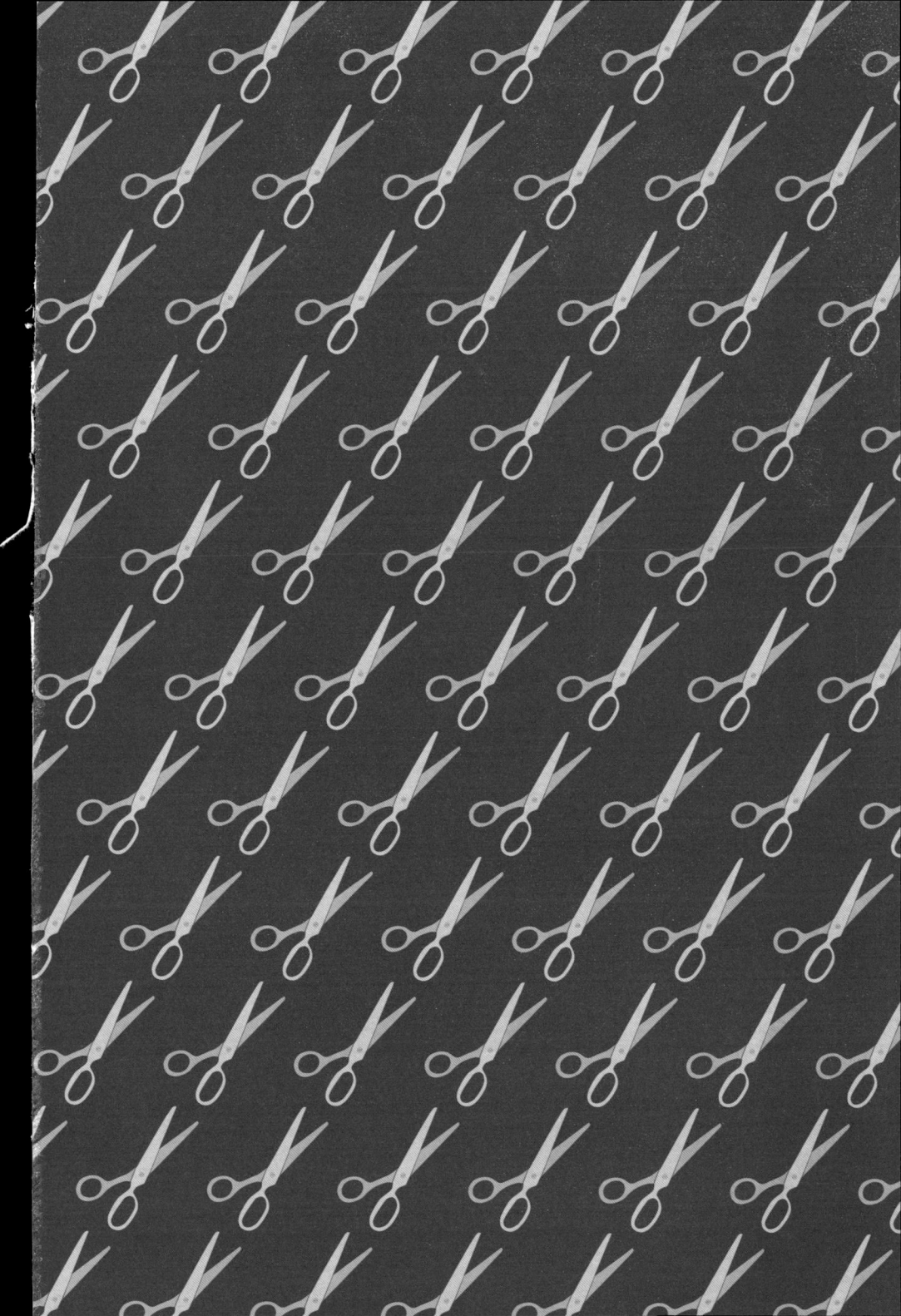

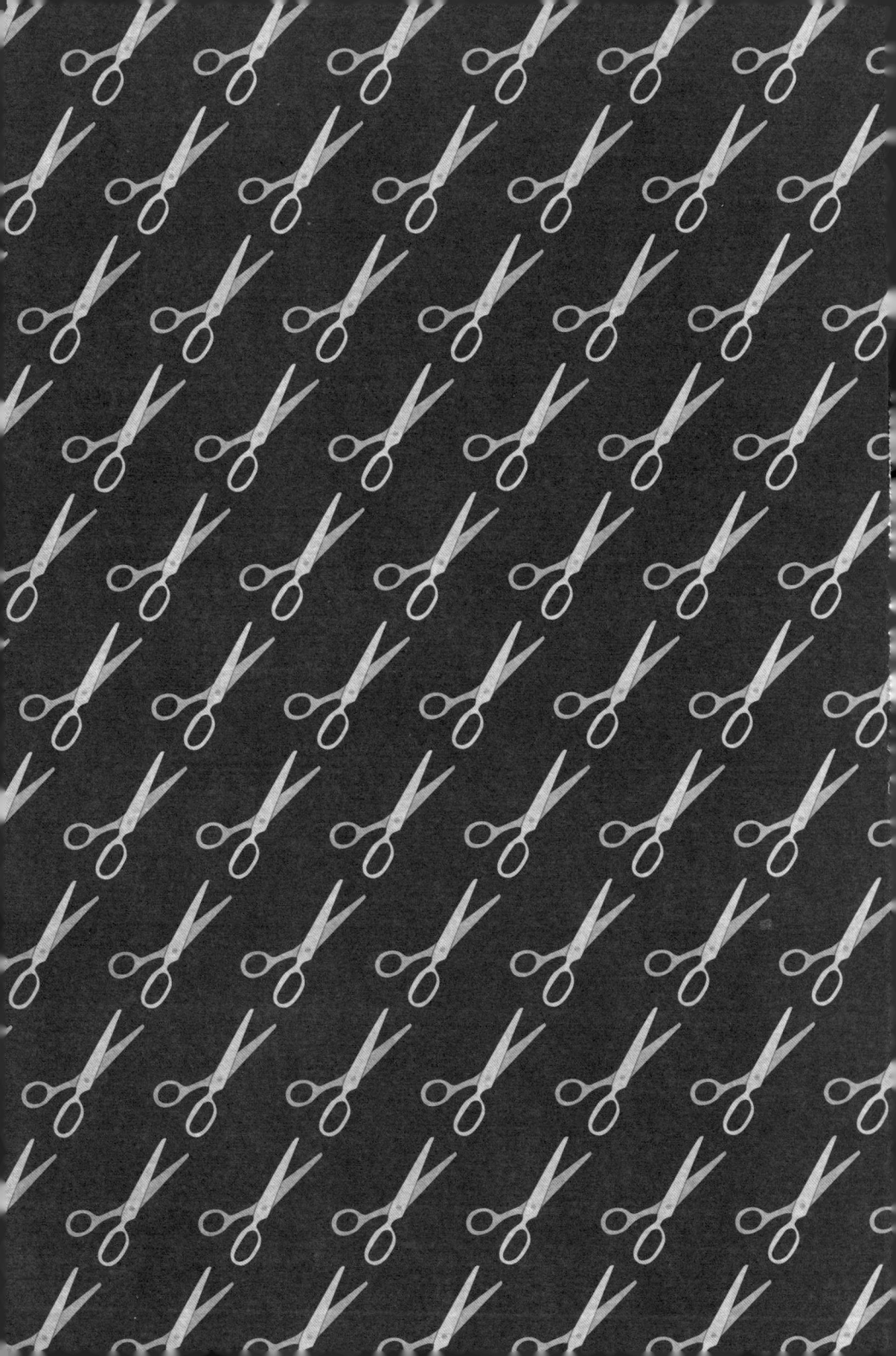